孙红兵

　　江苏如皋人,南通师范高等专科学校马克思主义学院院长,历史学硕士,副教授。著有《沙元炳与如皋的近代化》《沙元炳的生平及成就》《沙元炳致力于地方近代化的原因探析》《沙元炳的教育思想主张及特点》《沙元炳:"张謇们"的核心成员》《从如皋看江苏沿海城镇的近代化历程》《百年校歌传承百年师范精神》《近代中国师范精神的时代特征》等文。

沙元炳先生年谱

孙红兵 著

南京大学出版社

沙元炳先生

沙元炳先生的《志颐堂诗文集》

沙元炳先生创办的如皋师范学校

序

《沙元炳先生年谱》正式出版是令人非常高兴的事情。作者孙红兵本科阶段和研究生阶段都是我的学生。我知道他一直热心于对沙元炳的研究。数十年来，无论他在什么岗位，一直都没有中断这项工作，先后发表了《沙元炳与如皋的近代化》《沙元炳的生平及其成就》《沙元炳致力于地方近代化的原因探析》《沙元炳的教育思想主张及特点》《沙元炳："张謇们"的核心成员》《从如皋看江苏沿海城镇的近代化历程》《百年校歌传承百年师范精神》《近代中国师范精神的时代特征》等文，还曾担任沙元炳《志颐堂诗文集》重新编印的统稿工作。从多年积沙成塔到出版《沙元炳先生年谱》，看似水到渠成，但其中艰辛可以想象，数十年坚持不懈的精神亦值得肯定。

众所周知，在南通的近代化，甚至中国的近代化进程中，张謇是其中的先行者、开拓者、引领者。张謇为此可谓竭尽全力，呕心沥血。当然，张謇并不是一个人在奋斗。在他的领导和影响下，江苏、上海、安徽、浙江、湖北、江西等地，特别是江苏省内包括南京、镇江、常州、扬州、盐城、徐州、连云港、无锡等大江南北的众多志士仁人，都为实业救国、教育救国而团结在其周围。其中上海的王清穆、无锡的荣德生、通州的孙儆和范当世、海门的郁寿丰、如皋的沙元炳和顾延卿等都是这个群体的佼佼者，沙元炳更是其中的核心成员。

研究表明，沙元炳不仅是如皋近代化过程中的领军人物和杰出代表，更重要的是，他全力支持张謇教育救国、实业救国的思想和实践，是张謇在南通地方上倚重的重要人物之一。沙元炳在如皋进行的近代化思想和实践的探索、付出的努力和获得的成就与张謇深深融合，成为张謇领导下南通近代化历程的重要组成部分。虽然沙元炳的作用与影响还不能与张謇相提并论，但他在这个历史潮流中也扮演了非常重要的角色，其兴办教育和倡办实业的艰难历程和追求国家富强、民族复兴的不懈努力在江海平原近代化历程中书写了光辉的一页，有着重要的历史意义和当代价值。

　　然而，多年来，人们对沙元炳的研究和关注甚少。这个历史人物被历史的尘埃几乎掩盖了近百年。直到近年来国内学术界特别是南通关于沙元炳的研究才逐渐热起来。这表明南通社会各界有识之士越来越重视沙元炳在南通近代化过程中的重要贡献。这是令人欣喜的，应该继续发扬光大。

　　年谱属于中国历史学研究的范畴，它是研究历史人物非常重要的资料。它以谱主为中心，以年月为经纬，尽可能详细全面地叙述谱主的一生事迹。著名方志学家朱士嘉先生在给《中国历代名人年谱目录》一书所作的序言中指出："叙一人之道德学问事业纤细无遗而系以年月者，谓之年谱。"研究历史是需要长期的知识积累的，编撰年谱是历史研究工作者的基本功。历史研究工作者编撰年谱是一件经年累月、劳心劳力的工作。沙元炳一生经历了清朝和民国两个时期，交往的人物和经历的重要事迹不胜枚举。孙红兵编撰《沙元炳先生年谱》，通过大量收集现有的历史资料，在对沙元炳重要的言行、主要的活动进行整理的基础上，用编年体裁按年月顺序一一记载沙元炳的生平和思想事迹，成为沙元炳研究不可缺少的工具书，这是对沙元炳研究作出的重要贡献！

孙红兵是江苏如皋人，其大学就读于扬州大学师范学院历史系，此后又攻读扬州大学中国近代史历史学硕士专业学位研究生，具有良好的研究基础；其长期任教于如皋师范学校，对该校创办人沙元炳非常敬仰，特别是其数十年来潜心研究沙元炳，成果丰硕，并与沙氏后裔交往甚多，其编撰《沙元炳先生年谱》具有天时、地利和人和的优势。我祝贺孙红兵《沙元炳先生年谱》的正式出版！是为序。

（江苏省历史学会会长、扬州大学历史系教授　周新国）

凡 例

一、谱文尽可能详尽汇总沙元炳先生一生行谊，并附佐证资料、补充说明以供参考。

二、为和史料的行文方式、计算方法相统一，谱文中谱主年龄用虚岁计算。

三、文中日期用阿拉伯数字表示的为公历，用汉字表述的为农历。

四、谱文中无法确定月份和日期的条目编排在本年度末尾。

五、凭现有资料无法确定年代的沙元炳先生生平事迹，如主持泰兴襟江书院等，暂未编入谱文。

六、沙元炳先生除《志颐堂诗文集》外，暂未发现有专集、日记等行世，能读到的沙氏后人保存的资料也为数不多，加之作者知识储备有限，所以错讹在所难免，恳请读者包涵并期待得到多方支持，以期后续再努力，使年谱更为翔实、准确。

目　录

序 ·· 001

凡例 ·· 001

谱前

    沙元炳先生简介 ··· 003

谱文

  清

    同治三年（1864），甲子，1岁 ································· 007

    同治十三年（1874），甲戌，11岁 ···························· 009

    光绪七年（1881），辛巳，18岁 ······························· 010

    光绪十三年（1887），丁亥，24岁 ···························· 011

    光绪十五年（1889），己丑，26岁 ···························· 012

    光绪十七年（1891），辛卯，28岁 ···························· 014

    光绪十八年（1892），壬辰，29岁 ···························· 015

    光绪二十年（1894），甲午，31岁 ···························· 017

光绪二十一年（1895），乙未，32 岁 ·················· 021

光绪二十二年（1896），丙申，33 岁 ·················· 022

光绪二十三年（1897），丁酉，34 岁 ·················· 023

光绪二十四年（1898），戊戌，35 岁 ·················· 024

光绪二十五年（1899），己亥，36 岁 ·················· 027

光绪二十七年（1901），辛丑，38 岁 ·················· 029

光绪二十八年（1902），壬寅，39 岁 ·················· 030

光绪二十九年（1903），癸卯，40 岁 ·················· 037

光绪三十年（1904），甲辰，41 岁 ···················· 041

光绪三十一年（1905），乙巳，42 岁 ·················· 043

光绪三十二年（1906），丙午，43 岁 ·················· 047

光绪三十三年（1907），丁未，44 岁 ·················· 051

光绪三十四年（1908），戊申，45 岁 ·················· 055

宣统元年（1909），己酉，46 岁 ······················ 060

宣统二年（1910），庚戌，47 岁 ······················ 063

宣统三年（1911），辛亥，48 岁 ······················ 065

民国

民国元年（1912），壬子，49 岁 ······················ 067

民国二年（1913），癸丑，50 岁 ······················ 072

民国三年（1914），甲寅，51岁 ……………………… 079

民国四年（1915），乙卯，52岁 ……………………… 084

民国五年（1916），丙辰，53岁 ……………………… 088

民国六年（1917），丁巳，54岁 ……………………… 093

民国七年（1918），戊午，55岁 ……………………… 097

民国八年（1919），己未，56岁 ……………………… 103

民国九年（1920），庚申，57岁 ……………………… 107

民国十年（1921），辛酉，58岁 ……………………… 115

民国十一年（1922），壬戌，59岁 …………………… 123

民国十二年（1923），癸亥，60岁 …………………… 128

民国十三年（1924），甲子，61岁 …………………… 134

民国十四年（1925），乙丑，62岁 …………………… 137

民国十五年（1926），丙寅，63岁 …………………… 138

民国十六年（1927），丁卯，64岁 …………………… 139

谱后

沙元炳先生的家族世系 …………………………………… 145

江南乡试同年齿录·光绪十七年辛卯科 ……………… 147

如皋沙氏家集序 ………………………………………… 148

篁韵草堂八世藏扇记 …………………………………… 150

有清处士赠资政大夫沙府君墓志铭 …………… 152

先师沙碣髯先生事略 …………………………… 154

沙元炳先生与如皋地区的近代化 ……………… 156

导　论 …………………………………………… 157

第一章　沙元炳生平 …………………………… 159

第二章　沙元炳致力于如皋近代化的背景 …… 166

第三章　如皋地区兴办实业的杰出代表 ……… 175

第四章　如皋地区创办近代教育的先驱 ……… 192

结　语 …………………………………………… 216

参考文献 ………………………………………… 219

沙元炳先生简介

沙元炳（1864—1927），字健庵，号尔彭，别号礴髯，江苏南通如皋人。甲午（1894）恩科二甲赐进士出身，与张謇同榜，清授翰林院编修，民国任如皋县民政长、江苏省议会议长，一生经历清朝、民国两个历史时期。沙元炳1898年回如皋兴教育、办实业，热心于家乡的工业、农业、商业、教育、医学和其他事业；同时全力支持张謇教育救国、实业救国，是张謇倚重的重要人物之一。沙元炳不仅是如皋近代化的第一人、奠基者、集大成者，而且他的理念、追求、经历、成就与张謇的人生息息相关，如皋的近代化也成为张謇领导下南通地区近代化历程的重要组成部分。沙元炳是实业家、教育家、藏书家、诗人，博学多才，医术高明，尤工于诗文，著作等身，作品辑为《志颐堂诗文集》。

谱文

清

同治三年（1864），甲子，1岁

10月10日（九月十日），出生于江苏南通如皋市如城镇沙家河塘。名沙元炳，字健庵，号尔彰。长子，家教严格，幼年勤学。

父亲沙宝臣，字瀛仙，号献廷，时年37岁。澹静少言，好读书，谙熟明清掌故。清同知衔，候选詹事府主簿。

母亲孙濂贞，时年35岁，通州人。知书达理，广泛学习过医学、占卜等各类知识。

《如皋历史文化》第167页："（沙元炳）清同治三年九月初十日生。"[①]

《江南乡试同年齿录·光绪十七年辛卯科》第176—177页："沙元炳，字建（健）庵，号尔彰[②]，行一，同治甲子年九月初十日吉时生江苏通州如皋县，优廪生，民籍……父宝臣，字瀛

[①] 政协如皋市委员会、如皋市政协联谊会：《如皋历史文化》，国际文化出版公司，2005。
[②] 沙元炳晚年别号"碣髯"。

仙，号献廷，同知衔，候选詹事府主簿……族繁不及备载，世居如皋县治沙家河塘。"①

《志颐堂诗文集》文篇卷中，第34—35页，《有清处士赠资政大夫沙府君墓志铭》："民国三年（1914）1月24日，我显考沙府君卒于家，阴历癸丑（1913）十二月二十九日也，春秋八十有七……府君讳宝臣，字瀛仙，候选詹事府主簿。澹静少言，读书外无他嗜，尤熟于明清掌故，而未尝应有司试。"②

《志颐堂诗文集》文篇卷中，第36—37页，《清资政大夫沙府君夫人孙氏墓志铭》："先妣孙夫人……姓孙氏，讳濂贞，通州人，世居如皋。赠朝议大夫、讳凤千季女也。母高恭人，严明善持家。夫人……明敏知书数，凡星形、卜筮、医药、种艺诸书无不观。年二十四归我府君，逾年生女，殇。又四年生大姊，期而生二姊，逾三年生女，殇。又二年生元炳，二岁又生元仁，四岁而殇。元炳之生也，夫人年三十五岁矣，幼体弱善病，抚爱倍他儿。然教之严，一语偶失，诵一书不熟，诃谴立至……冬日自塾归，辄间夕课一艺。飧罢，伏几，然一灯，两姊持针黹旁列，夫人拥炉隐床侧，煨芋栗以俟，艺不毕不令饲……"

---

① 《江南乡试同年齿录·光绪十七年辛卯科》，哥伦比亚大学图书馆资料。
② 沙元炳：《志颐堂诗文集》，中华书局聚珍仿宋版，1933。

同治十三年(1874),甲戌,11 岁

开始系统学习科举考试知识。

《志颐堂诗文集》文篇卷中,第 37 页,《清资政大夫沙府君夫人孙氏墓志铭》:"元炳年十一,学为制举文。"

光绪七年(1881),辛巳,18 岁

中秀才。师从孙润斋先生。

《张謇的交往世界》第 236 页,高广丰《沙元炳与张謇》:"(沙元炳)光绪七年(1881)院试录为附生。"[①]

《志颐堂诗文集》文篇卷上,第 21 页,《如皋孙氏族谱序》:"吾师润斋先生,故燕庄裔也。当清光绪乙酉、丙戌(1885、1886)间,孙氏续谱将成,吾师尝出其先公行义,命元炳叙次为传,得廑廑窥其概略。"

---

① 南通市政协学习文史委员会:《张謇的交往世界》,中国文史出版社,2011。

光绪十三年（1887），丁亥，24 岁

父亲 60 岁。

《古今应酬作品精选》第 295—296 页，清末教育家、文学家，通州人范当世有贺沙元炳父亲 60 岁寿联：

夙与贤郎相期，欲其道继胡先生，名过冒公子。

来为长者致祝，惟有寿之南山石，酌以东海波。①

该联亦见于《范伯子联语》。

范当世（1854—1905），原名铸，字铜士，后改无错，号肯堂，因排行居一，又号伯子，江苏通州人，清末文学家、诗文家、桐城派后期作家，南通市近代教育的主要倡导者和奠基人之一。曾入李鸿章幕府。诗多沉郁苍凉。著有《范伯子诗文集》。

胡先生指胡瑗，冒公子指冒辟疆，皆如皋人。

---

① 朱鑫伯：《古今应酬作品精选》，上海会文堂新记书局，民国二十四年（1935）。

光绪十五年（1889），己丑，26 岁

入江阴南菁书院学习。与金鉽、吴稚晖、钮永建、孙锦标等同学。

南菁书院，清代江苏书院之一，在江苏江阴县（今江阴市）。光绪八年（1882），江苏学政黄体芳所建。清兵部尚书、两江总督左宗棠奏拨长江水师京口游击、协镇两署故址及白银贰万两协办书院，书院命名取自朱熹名言"南方之学，得其菁华"。学生学习经史辞章，兼习天文、算学等，刊有《皇清经解续编》一千四百三十卷及《南菁丛书》《南菁札记》等。废科举后改为南菁学校（南菁高中）。

《朱子学刊》2011 年第 1 辑，第 222 页："沙元炳（1864—1927），字健庵，如皋人。光绪十五年入南菁书院，与稚晖（吴稚晖）同学。主持总纂《如皋县志》，有《志颐堂诗文集》传世。"第 224、229 页："黄以周（著者注：曾任南菁书院院长）分别于光绪十五年和光绪二十年（1894）两次甄选南菁书院生徒优秀课艺，编成《南菁讲舍文集》和《南菁文钞二集》各 6 卷，今将其中经史课艺标题列表如下：表一《南菁讲舍文集》……沙元炳《宋史·理宗纪论》。"[①]

《志颐堂诗文集》文篇卷上，第 26 页，《自怡轩杂著序》："南通孙子伯龙（孙锦标），质朴而文肆，与予同举茂才（秀才），同肄业于南菁讲舍。"

---

① 程继红、贾全聚：《黄以周与近代南菁书院生徒群体及学脉传承》，《朱子学刊》2011 年第 1 辑。

孙锦标（1856—1927），字伯龙，号慕庐，江苏南通人，清廪贡生，近代语言学家。著有《南通乡音字汇》《南通方言疏证》《通俗常言疏证》等。一说孙锦标于光绪二十四年（1898）才负笈南菁书院。孙锦标70岁时，沙元炳有寿联：

伯龙同门学兄七十寿

故国鲁诸生往日青袍今白发　一年秋好处同倾渌酒对黄花

愚弟沙元炳纂祝

金鉽（1869—1950），字范才，一字式金，号蘅意，别号陶宦。祖籍安徽，生于江苏泰兴，清末民初文史学家、教育家、方志学家。清翰林院编修。曾主修《泰兴县志》《如皋县志》，参修《江苏通志》《江苏通州志》，尤致力于《江苏艺文志》。著有《江苏地理沿革考》《江山小阁诗文集》等。

吴稚晖（1865—1953），原名吴眺，后改吴敬恒。江苏武进人。国民党党内重要人物，曾任国民党中央政治委员会委员、国民政府教育部国语统一筹备委员会主席、国民党中央监察委员会常委、国民政府国防最高会议常委等，有《吴稚晖先生合集》《吴稚晖先生选集》。

钮永建（1870—1965），字惕生，生于上海，民国政治人物。曾任国民党中央特派员、北伐军总参议、国民政府江苏省主席、国民政府考试院副院长等。

光绪十七年（1891），辛卯，28 岁

乡试中举人。

《如皋历史文化》第 167 页："（沙元炳）光绪十七年（1891）秋闱中举，次年（1892）春礼部会试中式，又二年（1894）殿试成进士。"

《江南乡试同年齿录·光绪十七年辛卯科》第 4—5 页有当年中式举人 145 人名录，内有沙元炳。第 176—177 页有关于沙元炳的记录："沙元炳……生江苏通州如皋县，优廪生，民籍……乡试中式第一百三名，覆试一等第十五名。"

光绪十八年（1892），壬辰，29 岁

春，赴京会试中式贡士。拜见缪荃孙，与张謇邂逅于京师。

《缪荃孙全集·日记1》第208页："（一八九二年四月）十五日癸卯，晴。沙健侯元炳、金薇沪（著者按：疑为笔误，应该是'沜'，即薇意）钺、姚小屏、余寿平、谈莲生、屠静三、纪香聪钜维来。"①

缪荃孙（1844—1919），字炎之，号筱珊，晚号艺风老人，江苏江阴人。近代藏书家、校勘家、教育家、目录学家、史学家、方志学家、金石家，我国文化教育科技界尊称他为中国近代图书馆的鼻祖。1888年任南菁书院山长。1894年任南京钟山书院山长，兼掌常州龙城书院。钟山书院改为江南高等学堂后任学堂监督。1902年负责筹建江南最高学府三江师范学堂，为南京大学等高校近代校史之开端。1907年受聘筹建江南图书馆（今南京图书馆）。1909年受聘创办京师图书馆（今中国国家图书馆），任正监督。1914年任清史总纂。

《张謇全集6·艺文杂著》第271—272页，《沙同年父母七十寿序》（清光绪二十三年九月十三日　1897.10.8）："若如皋沙君健庵，亦吾党之英矣。凤沙煮海，远征有熊之朝；公沙赁春，近著炎刘之季。神明贵胄，佣伍高贤。既腾美于往编，亦流芬于来叶。自君弱冠，便绝凡流，角鳞抗奇，章虎悚譬。无子弟纤芥之过，有后进领袖之誉。刘瑾充秀，而州同庆其得人；李铉

---

① 缪荃孙：《缪荃孙全集》，凤凰出版社，2014。

从师，而门下推为高第。单阏之年，就举乡国；执徐之岁，邂逅京师。胡高一夕之交，质以韦佩；薛纪同郡之雅，独擅南金。亦复抵掌论时，轩眉道古。解带毡席之际，褰裾风雨之辰。见晚无嫌，鸣嘤有答。夫前珠后砾，婉娈之妙喻；子佩我绂，郁郁之美期。再就公车，遂同庭试。异才台郎之擢，陈留已先；联第进士之班，晋江犹少。"① 文中"单阏"是卯年，即1891年。"举乡国"即沙元炳中举人。"执徐"为辰年，即1892年，两人都参加会试，邂逅于京师。结果沙元炳中式贡士，张謇未得功名。光绪二十年（1894），两人"再就公车，遂同庭试"，经会试、殿试，张謇中状元，授翰林院修撰。沙元炳中进士，择为庶吉士。"公车"泛指入京应试的举人。据此，张、沙两人最晚在1892年相识。

查《张謇全集1-8》，其中出现沙元炳的名字初步统计共98次。具体分布是：公文中2次，函电（上）中13次，函电（下）中12次，论说、演说中6次，章程规约告启、说略帐略中6次，杂文杂著中3次，诗词联语中7次，《柳西草堂日记》和自定年谱中共49次。其中《柳西草堂日记》中出现得最多，有46次。

---

① 张謇全集编委会：《张謇全集1—8》，上海辞书出版社，2012。

光绪二十年（1894），甲午，31 岁

三月，于京师拜见翁同龢。四月，应甲午恩科殿试，登二甲，赐进士出身，择为庶吉士。8月8日（七月八日）启程返如皋。

殿试在二甲第47位，与张謇、梁士诒、关冕钧、熊希龄、林炳章等同科。

《翁同龢日记5》第2686页：（光绪二十年甲午三月）"廿四日（4月29日）……壬辰两门生来见，其一沙炳元也（著者按：疑为误植，应该是沙元炳）"。第2688页："（四月）初四日（5月8日）……见门生数人：新复试一等阮忠枢，壬辰沙元炳、佟文政，翰林恽毓鼎，壬辰庶常饶士端。士腾其堂兄也。"①

1894年《光绪二十年甲午恩科殿试金榜》：

第一甲三名：

张　謇　尹铭绶　郑　沅

第二甲一百三十二名：

吴筠孙	沈　卫	李家驹	徐仁镜	朱启勋	吴庭芝
李翘芬	李组绅	胡绍苏	曾文玉	武丕文	汪述祖
饶芝祥	周　祺	梁士诒	项芳兰	陆士奎	邹毅洪
谭承元	刘廷琛	夏启瑜	彭諟庠	汪一元	袁　桐
于普源	冯恩崑	储英翰	李灼华	张其淦	王廷钺
关冕钧	林　钺	姚舒密	景　禖	黄秉湘	龚启之

---

① 翁同龢：《翁同龢日记》，中华书局，2006。

陈昭常	裴汝钦	孙国桢	郭育才	庄纶仪	翁成琪
胡矩贤	江　衡	郑辅东	周子懿	沙元炳	梁志文
陈寿琯	俞省三	梁秉年	张濂经	张启藩	达　寿
张超南	杨裕芬	玉　彬	张　琨	范　溶	张　琴
吴敬修	杨士燮	熊希龄	靳学礼	陈君耀	吕承翰
汪声玲	黎承礼	方策安	刘昌言	朱锡恩	陈品全
王英冕	周绍昌	齐忠甲	楼守愚	张怀信	陈汝梅
廖凤章	王会釐	谭文鸿	程友琦	施之东	袁玉锡
王　照	沈云沛	傅运生	余毓瑞	徐夔飏	林炳章
鲍德麟	何葆麟	洪锦标	蔡　琛	王元庆	施有方
夏树立	冯锡璜	张锦春	萧立炎	徐宗源	茹恩彬
杨炳震	柴　朴	李清琦	范公谟	叶大可	松　铎
毓　隆	张　忠	吕志元	孙鸣皋	李树森	郭传昌
孙　锵	陈德铭	王景璿	孙文翰	熊　宾	余晋芳
叶泰椿	李祖荫	谢世珍	谭绍裘	刘锦藻	叶大年
麦玉华	梁文灿	单溥元	沈　鹏	张介禄	贺鸿基

第三甲一百七十九名：

朱绍文	杨锦江	沈祖桐	胡汝霖	杨懋龄	吴式钊
徐树昌	范扬芳	杨长藻	谭先节	谢崇厚	周宝清
金文翰	管得泉	李　英	江庆瑞	张祥龄	冯绍斌
郭书堂	孙星煜	赵从藩	萧文昭	陶联琇	文　溥
廉　慈	赵润生	桂　站	徐允清	王叔谦	孙　愚
孙同康	莫如晋	邹铭恩	蔡中燮	孙文诒	杨寅搽
刘檭寿	黄汝楫	成象乾	赵　怡	黄凤岐	夏奠川
李镜江	林　怡	林扬光	李继元	容益光	佟文玫
陈　诚	黎元熙	陈永寿	尹春元	马瀛焕	叶　芸
谢远涵	续　縠	郑　炳	赵　鸿	汪康年	萧逢源

单梦祥	来　熊	杨增钰	刘衍茂	彭希祖	杜召棠
曹子昂	沈同芳	锺　杰	刘庆笃	胡逢恩	周　培
王树中	谢　质	承　霖	张林焱	罗文绣	齐令辰
李维世	招翰昭	周楸谦	李士田	魏达文	吴燕绍
李良年	杨　蔚	张肇基	朱宝翰	李见荃	高积政
蒲明发	启　泰	郑锡典	万庆昌	胡慧融	林丙修
章燮理	辛可耀	陈世瑞	刘凤翰	孙友莲	程世杰
祁永膺	保　谦	郭家葆	李兆麟	李允廉	温联桂
茹震模	涂翀凤	韩　犀	徐　苞	任承允	单　荣
寿　朋	王　瑚	鄢　坤	廖允儒	刘宝寿	张斗南
张淑栋	吴贻谷	陈景星	郭南溪	王永庆	李九烈
广　麟	徐冲霄	刘宜笃	王　玮	陈仕扬	史　堃
陈瑞玉	林柽藩	胡恺麟	梁于汶	翁有成	贺锡龄
王熙龄	陶世凤	许　堃	陈瑞鼎	徐　鋆	王学伊
顾祖彭	王之杰	翰　屏	徐　曾	温亮珠	陈培庚
绪　儒	邱士林	张协中	张　彝	贺国瑛	锡　麟
杨鸿勋	李荫垣	涂步衢	薛炳善	高麟超	刘德元
田鸿文	韩绍徽	赓　勋	韩兆霖	李延庆	陈瑞徵
曹中成	胡葆颐	郑松生	承　厚	戴永清	周正岐
江春霖	郑玉麟	陶邵学	侯锡彤	郑揆一	

梁士诒（1869—1933），字翼夫，号燕孙，广东人，民国初期著名的经济学家、银行家、政治家。曾任清邮传部大臣、国务大臣、铁路总局局长，民国曾任交通银行总理、财政部次长、国务总理等，曾全力支持孙中山的全国铁路建设计划。

关冕钧（1871—1933），字耀芹，号伯衡，广东人。清翰林院编修。曾任清国史馆协修官、编书处纂修官、恩试同考官、邮传部总务、首任铁路大臣等。与詹天佑等一起主持修建京张铁路。

民国曾任南北议和代表、约法会议议员、参议院议员等。

熊希龄（1870—1937），字秉三，别号明志阁主人、双清居士，湖南人。民国政治家、教育家、实业家和慈善家。曾任北洋政府财政总长、第四任国务总理。抗战期间收容伤兵，募捐救济难民。退出官场后致力于慈善、教育事业。

林炳章（1874—1923），字惠亭，福建人，林则徐曾孙，清翰林院编修。曾任清钦差大臣考察宪政、投资兴建福州电力公司、任福建高等学堂监督、负责组织戒除鸦片、任邮传部丞参等。

《张謇全集 8·柳西草堂日记》第 382 页："（七月）八日（8月8日），健庵行，以家讯托寄。"这是现存张謇日记中首次记录沙元炳。①

中日甲午战争爆发后，在如皋，奉署两江总督张之洞之命督办团练，准备抵抗日本的侵略。

民国《如皋县志》卷五《防卫志·团练》："光绪二十年，日本战事起，沿江海各州县戒严。署两江总督张之洞檄在籍翰林院庶吉士沙元炳督办（团练）。如皋城练局设城内中禅寺，分局在石庄大圣庙。武举黄廷荣、廪贡生朱祖荣、监生宋鉴等合办，共招勇两百名，由省领后膛枪四百支。二十一年，撤防缴械。"②

---

① 下文简称《柳西草堂日记》。
② 沙元炳、沈文翰、金鉽：《如皋县志》，民国二十八年（1939）。

光绪二十一年（1895），乙未，32 岁

在如皋城创办广丰腌腊制腿公司，所制火腿品质优良，与金华火腿齐名，人称"北腿"。

中国三大火腿一般指：南腿（浙江金华火腿）、云腿（云南宣威火腿）、北腿（江苏如皋火腿）。

《如皋文史资料》（第二辑），第 103 页："清光绪二十一年（1895），如皋实业家沙元炳创办广丰制腿栈（又称广丰腌腊制腿公司）。"①

《如皋文史资料》（第三辑），第 3 页："1895 年左右，他（沙元炳）集资创办广丰腌腊制腿公司，聘请浙江兰溪的老师傅来如主持腌腊加工，产品质量好，不亚于金华火腿，在市场上声誉卓著，远销美洲。在上海小东门设有三间门面的分庄。"②

---

① 政协如皋县委员会文史资料研究委员会：《如皋文史资料》（第二辑），1986。
② 政协如皋县委员会文史资料研究委员会：《如皋文史资料》（第三辑），1987。

光绪二十二年（1896），丙申，33岁

八月，与张謇讨论聘请人员教习祭孔乐舞的事情。

《柳西草堂日记》第409页："（八月）十九日（9月25日），复汪通州、王海门，议合泰如教习乐舞。与沙健庵、金衡挹讯，说乐舞事。"

乐舞指祭孔乐舞，是孔子的后代、历代帝王和地方官吏举行祭祀孔子仪式时的专用乐舞。每年春秋季二、八月的头一个丁日和孔子诞辰纪念日，会在孔庙举行祭祀大典，故又称"丁祭音乐"（元代称"大成登歌之乐"，明代称"大成乐"，清代又称"中和韶乐"，均为"丁祭音乐"）。

光绪二十三年（1897），丁酉，34岁

正月末、二月初，在如皋两次接待于东台往返的张謇。

张謇去东台是为"谒外祖父母茔"。张謇的母亲金氏是东台人。

《柳西草堂日记》第418—419页："（正月）二十五日（2月26日），顺风，经如皋，健庵来舟相晤""二十八日，卯初起候舆夫，至辰初始至。祗谒外祖父母茔""二十九日，至如皋。诣健庵。遇君楳、阆樨。留宿健庵宅""（二月）一日（3月3日），谒客。健庵置酒。张生树屏（藩）以弟子礼见，健庵介绍也"。

九月，父亲七十寿。张謇为之作寿序和寿屏。

《张謇全集6·艺文杂著》第271—272页有张謇创作的《沙同年父母七十寿序》（清光绪二十三年九月十三日 1897.10.8）。

《柳西草堂日记》第434页："（九月）十三日，作沙年丈寿序。"

协助张謇为创办大生纱厂招募股金。

《张謇》第23页：在创办大生棉纺厂时，招股困难。1897年，"由于他（张謇）的矢志努力，得到好友沙元炳及有关地方父老的支持，终于化险为夷，筹到了必要的办厂资金"①。

《张謇传》第48页：（1897年，在创建大生纱厂过程中，）"张謇又从陈君楳、沈绍元、沙元炳等人那里筹集了两万两上下"②。

---

① 陈有清：《张謇》，江苏古籍出版社，1988。
② 刘培林、张德义：《张謇传》，江苏文艺出版社，1992。

光绪二十四年（1898），戊戌，35 岁

闰三月，到京师，遇张謇。四月，参加保和殿散馆试，授翰林院编修。其后不久，以父母年高自己是独子需要赡养父母为由，向朝廷请假。六月，与张謇一起乘船经天津、烟台、上海等地南返。回如皋后定书斋名为"志颐堂"。

这一年戊戌变法正式开始全面实施。历时 103 天的变法又称"百日维新"，是以康有为、梁启超等为代表的维新派人士通过光绪皇帝实行的资产阶级改良运动。变法因损害守旧派的利益而遭强烈抵制。9 月 21 日，慈禧太后发动戊戌政变，囚光绪帝，康有为、梁启超逃往国外，谭嗣同等"戊戌六君子"被杀。沙元炳、张謇的座师翁同龢亦遭牵连，被革职，永不叙用。

《如皋县志与沙元炳》："沙元炳……1898 年授翰林院编修。"①

《柳西草堂日记》第 445、446、450 页："（闰三月）十七日（5 月 7 日），（在北京）晤子封、健庵、星楼、君谋（楳）、聘耆、朱杭、孟朴、聚卿""（四月）十七日（6 月 5 日），移会典馆，与刘裏孙、沈幼清、沙健庵、金蓣意同小寓""（六月）三日（7 月 21 日），（离开北京）与健庵、蓣挹同伴。寓塘沽德元栈""（六月）八日夜分抵烟台""（六月）十二日（7 月 30 日）早氐（抵）上海"。

《张謇的交往世界》第 237 页：光绪二十四年，"沙元炳'以

---

① 周丽君、杨启斌：《〈如皋县志〉与沙元炳》，《档案与建设》2002 年第 4 期。

二亲年高,谒告归养',六月三日,他与张謇一起离京南返……沙元炳回家后名其书斋曰'志颐',决心'读书养志,以终其身'"。

《志颐堂诗文集》第1页,金鉽《序》:"既予三人(沙元炳、沈文瀚、金鉽)先后通籍,皆以亲老求长假归。君(沙元炳)即家,构堂两楹,署曰'志颐',读书养志,以终其身。"

通籍,即朝廷中已有名籍,泛指已经担任了官员。

《志颐堂诗文集》诗卷十二,第30页,项本源《先师沙砺翁先生事略》:"先生年二十八举辛卯科乡试,明年壬辰连捷成进士,甲午殿试入翰林,散馆,授编修。以二亲年高,谒告归养。颜其所居曰'志颐堂'。"

项本源(1871—1936),字子清,祖籍安徽歙县。祖辈因避战乱留居如皋。曾从沙元炳学诗文,诗文书法并佳。如皋师范创立后受聘为该校教师。后去日本深造。学成回国仍为师范教师。晚年潜心佛典。

六月中旬,回到如皋后,得知元室夫人沈静宜已于五月去世,哀痛至极,作诗怀念。

《志颐堂诗文集》文篇卷中,第39页,《唐姬墓志铭》:"元炳生三十五岁,元室沈夫人殁。"

《志颐堂诗文集》文篇卷下,第27页,《祝氏女哀辞》:"光绪二十四年戊戌,予试馆职之京师,未三月,而夫人殁。家人匿不闻。比归,始知之,乃大恸。"

《志颐堂诗文集》诗卷一,第2页,《自京师归十九日,亡妇七七之期终矣,哀感往事,得诗二律》:

其 一

七终毕奠仍循俗，哀极成诗未达情。
归日心期酬异世，凉秋风雨坐天明。
苦因亲老迟予死，每到神痴觉汝生。
往事駸駸如梦过，骡纲一月出京城。

其 二

忆昔婆娑戏彩筵，去年今日画堂前。
新披珈服珠双笑，小步甒甀玉并妍。
进悦高堂欣得妇，窥门邻右众疑仙。
灵帏回首肠先断，强避衰亲独泫然。

据沙元炳后人回忆，沈氏，名定，字静宜，如皋白蒲人，清同治四年（1865）六月生，光绪二十四年五月去世，葬如皋林梓。

《志颐堂诗文集》里记录元室沈夫人的诗有：诗卷一《五月十三夜与浣霞月中对坐感悼静宜》《秋夜梦静宜》等。沈夫人去世将近二十年时，沙仍有诗怀念。《志颐堂诗文集》诗卷七，第10页，《庭前玉兰双枝并秀，今春一枝盛开一枝独无，少琴感而作诗，因次其韵》里有：

手植名花花岂知，如今也白半边丝。
银袍襟缺霜清夜，玉镜台孤月瘦时。
鸟尽久忘同命约，雪消先露向阳枝。
无端廿载春人恨，为和新诗系旧思。

该诗作于乙卯（1915），文末有注解"花为先室静宜夫人手植"。

光绪二十五年（1899），己亥，36 岁

10 月 15 日（九月十一日），与徐乃昌、张謇、金鉽等同游狼山。

《柳西草堂日记》第 469 页："（九月）十一日，积馀（徐乃昌）约同健庵、薾抱（金鉽）、秋门（范铠）游狼山，观天祚题名。"

《志颐堂诗文集》诗卷一，第 11 页，《题徐积馀太守乃昌狼山访碑图卷子》：

江雨洗秋千林芝，与君读碑天祚岩。
肩舆到寺日卓午，入门触面生阴飔。
崩云架空翼悬雷，飞雨白日湔衣衫。
凌陂蹋磴逐幽讨，怪花缀蓶乱苔髟。
扪石冥索久乃获，划若秘典开琅函。
断文漫漶识仅半，谈姚说蒋相詀諵。
倚梯危瞩兴飞动，呼舆直蹋青巉巉。
林霜逼景转斐亹，黄红紫翠迷松杉。
群禽哀鸣龛木石，微风颭耳纷韶咸。
探览高下极恣横，两足如趼无劳搀。
升楼入座熙以憩，有酒醉我酬疲傪。
寒江半镜炯照席，盏倾欲避蛟龙嘽。
归来万景堕荒渺，境不挂眼心则衔。
江皋冬晚卧风雪，时时梦到思所欲。
抱图视我忽惊怪，恍从尺幅回天帆。

冈趋峰转径盘辟,一一刻画能精严。
画师何者觊幽奥,称意或有山灵监。
崇州石刻眇邃古,最括五季宋元凡。
孙邢搜录不到此,造化岂肯常扃缄。
嗟君未尽发其藏,挥斥神守开至诚。
援崖索壁各呈献,颇疑太守真贪馋。
牛要大卷森千百,装重不忧同官谗。
我知君嗜古有癖,耻与世俗争酸醎。
眼前陵谷几变迁,谁能饱食事彫劖。
物外日月忙可惜,更寻黄独携长镵。

徐乃昌（1868—1943），字积馀，晚号随庵老人，安徽人，近代藏书家、学者。曾任清淮安知府、江南盐巡道。清亡后，隐居著述、校刊古籍。

光绪二十七年（1901），辛丑，38 岁

联合张藩等，在如皋城东南创办高等小学堂，后发展成为如皋师范的附属小学。

《如皋要览》第 116 页："1901 年，翰林沙元炳于城内首创如皋公立高等小学堂。"第 121 页："（高等小学堂）1901 年创建于县城南常胜庵，后迁学宫内。"①

《如皋历史文化》第 156 页：江苏省如皋师范附属小学"清光绪二十七年创建，称'如皋公立高等小学堂'。校址在县治东南常胜庵。堂长沙元炳，学监张藩……清宣统二年（1910）春，迁至学宫内，主事为何镇寅"。

张藩（1871—1909），字树屏，号施垣，江苏如皋人。清光绪年间曾任内阁中书。

---

① 江苏省如皋县地方志办公室：《如皋要览》，上海科技教育出版社，1988。

光绪二十八年（1902），壬寅，39岁

正月，参加张謇召集通、如、泰、海（南通、如皋、泰州、海门）四地名士商讨设立师范学校的会议。

4月26日（三月十九日），陪张謇勘定校址，确定在南通城内千佛寺废址上创建南通师范。

4月29日（三月二十二日），与张謇、李磐硕议定创建南通师范学校的相关事宜。后沙元炳将讨论议定的《通州私立师范学校公禀》修改后寄送两江总督刘坤一批准。

6月18日（五月十三日），与张謇等人商量开办师范学校的具体事宜，参与拟定《通州师范学校开办章程》。

十月，与张謇赴南京拜见张之洞、缪荃孙，禀报办师范学校相关事宜，并参观拟改新式学校的文正书院。

《柳西草堂日记》第518、521、527、528页："（三月）二十二日，与健庵、磐硕定公立师范学校议……（五月）十三日，健庵来，会议师范学校，拟开办章程……（十月）十日（11月9日），与健庵同附'鄱阳'（著者注：轮船名字）至省……十三日，谒南皮（张之洞），直其午寝。与健庵视府学校（文正书院所改）……十五日，健庵先返……二十二日，（回到南通）至厂，旋至学校。健庵来。"

李磐硕（1850—1908），名安，后改名审之，号磐硕，江苏启东人。清进士，曾官拜户部主事，主陕西司。晚年兴办教育，笔耕不辍，著作颇丰。

《张謇全集8·啬翁自订年谱》第1018、1019页："五

月……与健庵会议私立初等师范学校开办章程……十月，南皮（张之洞）移督两江，邀与沙君元炳往议学校。"

《张謇全集 3·函电下》第 1636 页，《致徐积馀函（四）》："弟顷与五属联名请私立寻常师范草由健庵寄递新宁（刘坤一）。日内当已到，是否交派办处批，抑径批答也。刘一山初办时，黄阶平云是赚钱事，不知实是赔钱，防有阻挠，不得不禀。所谓小人不乐成人之美也。比苦顾翁乃不似张季之易侮矣。鬼神祸盈，理则如此。师范禀有批或有所闻，幸速示！并拟立一女子师范，不知能成否耳？"

《张謇的交往世界》第 237 页："光绪二十八年（1902）正月，张謇集通、如、泰、海士绅议设师范学校，沙元炳参加了会议……三月十九日，沙元炳等陪张謇于城西京江公所等处勘定校址，最后确定利用城东南濠河外千佛寺废址建校。四月二十一日（5 月 28 日），张謇将拟定的《通州私立师范学校公禀》寄给沙元炳等人，经会商修改后，由沙元炳寄送刘坤一批准。五月十三日，张謇与沙元炳、范当世等人会商开办师范学校的具体事宜，并拟定《通州师范学校开办章程》……十月，沙元炳与张謇一起应移督两江的张之洞之邀去江宁议商教育，又一起参观了拟改新式学校的文正书院。返抵通州后，沙元炳又马上到通师拜访张謇。次年四月一日，我国第一所私立师范学校通师建成开学。"

《缪荃孙全集·日记 2》第 205—206 页："［一九〇二年十月十一日（11 月 10 日），］徐同人、吴月生、张季直、沙健庵、徐积馀来。改定师范学堂课程……（十二日,）拜顾玉溪璜、周春浦、曾光煦、凌小仲培、吴月生、游雪门、沈艾玲、张季直、沙健庵。西园招饮，季直、健庵、聚卿、叔莘、积馀同席。……（十四日,）约黄仲弢、叔蕴、季直、健庵、积馀、聚卿、苏晓楼小饮云自在龛。"

《张謇》第37页：1902年，张謇创办师范学校，"他约请罗振玉、沙元炳详细商量私立师范学校的各项校规章程……勘察地址，最后择定了南门外的千佛寺"。

4月28日（三月二十一日），到南通大生纱厂与张謇商议创办油厂，并受张謇委托，开始负责油厂的集股筹建、人事安排等工作。

《张謇全集1·公文》第42—43页，清光绪二十七年（1901）《为开办榨油厂咨呈南洋大臣》："因更酌量变通，议于纱厂隔港空地另设，约估建造厂栈房屋，购买引擎、汽炉、器具及营运资本，需规银五万两。除机价由华盛、大生两厂分认一万两外，其余四万两由通厂认集，并请如皋县在籍翰林院编修沙元炳帮同招集料理。其管理重要厂事之人，按公司通例由通厂与沙编修商酌分派。厂名广生，其集股章程亦均商同订定。拟即筑基储料，建造厂栈房屋，一俟秋冬之间，新棉子上市即可开办。所有承谕与华盛合设油厂变通办理及添请沙编修帮同集股料理并拟集股章程，理合咨呈贵大臣。伏乞鉴核，迅赐示遵，无任公便。"

《柳西草堂日记》第518页："（三月）二十一日，健庵、磐硕（李审之）至厂。健庵定油厂议。"

《张謇全集8·啬翁自订年谱》第1018页："三月，与沙健庵元炳议建油厂。"

七月，与张謇合作，创办大达内河轮船公司，办成开业，担任公司经理。公司第二年到商部注册。

《大达内河轮船公司历史概述》："大达内河轮船公司……1900年筹办，起初通沪股东合营，由浙江商人朱某（朱葆三）

经营管理；1902年6月张謇与如皋沙元炳重新集股经办。"第2页："至1902年6月底由张謇、沙元炳重新集股二万六千元，改订章程，实际接手续办，从此与朱葆三无涉。因第二年呈商部批准……（著者注：公司的第一笔账）时间是1902年6月……大达内河轮船公司筹办于1900年，1902年办成，1903年注册。"①

不同意见认为，大达内河轮船公司创建于1903年。如《南通日报》2016年1月16日第A07版苏木的《大达内河轮船公司旧址》以及高广丰的《沙元炳与张謇》两文都有：光绪二十八年（1902）四月十六日张謇日记有"叙小轮事"，很可能便是计议自办的开始。次年（1903）五月，张謇与沙元炳于唐家闸北川桥"议商股本，创设大达内河小轮公司"，重新集股二万六千元，改订章程，实际接手续办，从此与朱葆三无涉。此说法最大的问题是，1903年张謇去日本考察，四月二十八日抵达长崎，六月初六回到上海，在五月和沙元炳共同创办公司可信度太小。

《张謇全集4·论说、演说》第68—69页，《大生轮船公司通沪合股事略》一文可概括创办细节：公司初名"大生轮船公司"（通沪合股），光绪二十六年（1900）正月成立并报批。南通方面先出股银五千圆，再出七千圆，共一万二千圆；朱葆三（沪方）出股银二万圆；通沪共三万二千圆。公司由朱葆三统一管理。但直到1901年底，南通方面既看不到股票也看不到账目，再三催促之下到1902年初才看到上海方面提供的不合商法的一点账目。沪、通两地矛盾尖锐之后朱葆三退出，沪股二万照时值七折作银一万四千圆，南通方面集足交付，加上原南通方面的一万二千圆，共二万六千圆。公司从1902年7月1日开始与沪方

---

① 南通市档案局（馆）：《大达内河轮船公司》，2009。

无关。公司名称后改为"大达内河小轮公司"再改为"大达内河轮船公司",总部设在南通唐闸。张謇任总理,首任经理顾莼溪任职数月病故,由沙元炳接任经理,江石溪任协理。公司航线分布于南通、泰州、扬州、盐城等地。

朱葆三(1848—1926),浙江定海人,近代上海工商界领袖、上海总商会会长。曾创办中国通商银行,为国内最早华商银行。投资浙江实业、四明、中华、江南等银行,任诸行总董事等;投资华安、华兴、华成等保险公司;投资宁绍、长和、永利、永安、舟山、大连轮船公司及法商东方航业公司;投资上海华商电车公司、定海电气公司、舟山电灯公司、上海内地自来水公司、汉口与广州自来水厂;投资上海绢丝厂、华商水泥公司等。联办中国红十字会、四明公所、上海商业学院、上海公立医院等25个慈善公益组织。

七月,第二位夫人沈浣霞去世。

《柳西草堂日记》第525页:"(八月)十七日(9月18日),小雨,有风。往如皋,吊健庵夫人之丧。"

《志颐堂诗文集》文篇卷中,第39页,《唐姬墓志铭》:"元炳生三十五岁,元室沈夫人殁。既释服,再昏(婚)于泰兴沈氏。越三岁又殁。"

据沙元炳后人回忆,沈氏,名洁,字浣霞,泰兴人,一八七八年十一月生,一九〇二年七月去世,葬如皋林梓。

《志颐堂诗文集》里记录第二位夫人沈氏的诗有:诗卷一《为内子浣霞题便面》《题浣霞桃花鹦鹉团扇》《暮春自唐闸归,庭前芍药凄然萎矣,感悼浣霞,为赋一律》等。

九月,在如皋城东南隅创办如皋公立简易师范学堂,任创办总理。年底开始兴建校舍,共建楼房5座,平房9座。

《江苏省志·大事记（上）》第 573 页："光绪二十八年，沙元炳等创办如皋公立简易师范学堂。"①

《如皋高等师范学校校史》第 4—5 页："（1902 年）9 月 24 日，如皋公立简易师范学堂成立，江苏提督学政李殿林任命沙元炳为如皋公立简易师范学堂总理，沙元炳聘马文忠、张藩为副办，陈国璋等为教习……选定古城如皋东南隅常胜庵和南东岳庙为校址……年底，沙元炳、马文忠、张藩决定仿照日本校舍建筑图样，分东、中、西三院进行设计……先后兴建楼房 5 座，平房 9 座。于 1903 年底全部竣工，加上修缮的庙房共 174 间。"②

沙元炳创办这所师范学校的速度之快令人惊叹，其后，沙元炳为这所师范用力之持久也令人佩服。这应该是沙元炳一生兴教育、办实业最辉煌的成果之一。其办学业绩和持续影响，也使得师范教育深入如皋人内心。此后，无论时局如何动荡，即使是在日本侵华期间，如皋人也齐心协力保护师范学校，使沙元炳倡办的这所坐落于苏中小县城的师范学校，在此后一百二十年的时间里一直坚持原址、原房、原方向办学，师范教育薪火相传，堪称中国师范教育界的奇迹。一百多年来，该师范学校校名沿革如下：

1902 年：如皋公立简易师范学堂

1905 年：如皋初级师范兼附属高等小学堂

1908 年：如皋初级师范兼中学附属两等小学堂

1912 年：如皋县立师范学校

1921 年：江苏省第二代用师范学校

---

① 江苏省地方志编纂委员会：《江苏省志·大事记》，江苏古籍出版社，2001。
② 《如皋高等师范学校校史》编辑委员会：《如皋高等师范学校校史》，南京大学出版社，2012。下文简称《如师校史》。

1927 年 8 月：第四中山大学区立如皋中学（中央大学区立如皋中学）

1929 年 9 月：江苏省立如皋中学

1932 年：江苏省立如皋师范学校

1939 年 8 月：江苏省立第三临时师范学校

1942 年 2 月：苏北公立如皋师范学校（伪政府设立）

1945 年 2 月："江苏省立第一临时师范学校"改为"江苏省立如皋师范学校"，在泰县复校，1947 年迁如

1949 年 8 月：苏北如皋师范学校

1952 年 12 月：江苏省如皋师范学校

2005 年：如皋高等师范学校，增挂"江苏教育学院如皋分院"校牌

2014 年 9 月：与张謇创建于 1902 年的南通师范高等专科学校合并办学①

---

① 根据《如师校史》的《校名沿革》整理。

光绪二十九年（1903），癸卯，40 岁

为如皋公立简易师范学堂确定办学宗旨为"贵全"，确定校风为"沉笃醇和"。

《如师校史》第 7 页："沙元炳……于 1903 年提出创建'沉笃醇和'的校风，明确规定以'贵全'为教育宗旨。"

年底，主持修建的师范学堂校舍全部竣工。该建筑至今保存完好，名为"如皋公立简易师范学堂旧址"，位于江苏省南通市如皋市如城镇学宫路 1 号，现为南通师范高等专科学校如皋校区的一部分。该建筑初建时为中、东、西三路四进，面南背北，各路东西两侧均有围墙，围墙之间形成巷道，其间风雨骑廊相连。现存建筑为中、东两路，东西长 55 米，南北长 78 米，占地面积 4290 平方米。所有建筑均采用砖木结构，以单檐硬山为主，青砖小瓦，朱格门窗，古雅朴实。中、东两路时为总理（校长）室、学监事务室、讲堂、诵堂、宿舍等。西路原为各类专用教室、教辅用房、风雨操场等。建筑布局合理，功能齐全，尤其建筑间檐廊相通，通行其间，晴雨无阻，体现了既注重民族传统，又结合实际使用功能的设计思想。该建筑堪称我国明清书院建筑的典范之作，具有很高的历史、文化、艺术价值。一百多年来，如皋师范在此原址、原方向办学，全国硕果仅存。陈从周教授盛赞其为"我国师范学校中保留原有风貌唯一完好的物质文化遗存"，被誉为中国师范教育的活化石，1995 年被列为江苏省文物保护单位，2013 年 3 月，被国务院核定公布为第七批全国重点

文物保护单位。序号985，编号7—0985—3—283。①

《如皋文史资料》（第三辑），第2页："（师范学堂）1902年9月即开班授课……1903年校舍全部建成，计有楼房和平房174间。"

广生油厂建成开始生产，任经理。

《张謇的交往世界》第241—242页："次年（1902）三月二十一日，沙元炳抵达大生纱厂与张謇商议创办油厂事宜……沙元炳开始负责广生油厂的集股筹建的工作。后在招股基础上又由大生纱厂投资，于光绪二十九年（1903）建成开车。广生油厂由沙元炳任总理，张詧、张謇任协理。"

张詧（1851—1939），字叔俨、树棠，晚号退庵、退翁。张謇三兄。曾任清朝知县、江西学正等。1904年回南通协助张謇办实业、兴教育。

《乡贤沙元炳：追随张謇办实业，造福乡梓成楷模》："据《通州兴办实业章程》……沙元炳极力支持张謇兴办油厂。1902年3月，他前往纱厂，谒见张謇，商讨油厂事宜……启动资金需要5万两银子。除去购入机器1万两，其余资金由大生纱厂与沙元炳共同招入新股……广生油厂于1903年创建成功，开始产出棉油和棉饼。沙元炳任经理，张詧、张謇任协理。据《经理章程》，沙氏责任重大，事无巨细，负责每周召开执事会议，核查工料，稽查销售，检查财务。在油厂的发展过程中，遇到不少波折，张謇、沙元炳等人，又通力合作，克服困难。据1909年《沙健庵、张退庵、张啬庵在通州广生油厂第一次股东会议上的

---

① 国发〔2013〕13号文件，《国务院关于核定并公布第七批全国重点文物保护单位的通知》。

报告》等文记载,油厂创办初期,规模有限,产量不大,原材料棉籽具有季节性,导致销路不稳,时有亏损。于是沙元炳等人,保留西厂,又筹资新建东厂。经过他的不懈努力,两厂机器一样,易于同步保养,节约成本;产品样式、质量一样,产出、收入明显增加。时至1914年,广生油厂资本高达30万两银子。"①

与地方乡绅汪子霖筹建"如皋县商务分会",此后,连任县商会会长20年。

民国《如皋县志》卷六《食货志·商业》:"商会成立于光绪二十九年,推邑绅沙元炳为会长,定章逾年改选,会费由会员入会费及年费充之。"

《如皋文史资料》(第三辑),第151—152页,俊人、毅公《回忆如皋县商会》:"光绪二十九年(1903),沙元炳与地方绅士汪子霖奉命筹组如皋县商务分会……县商会会长的任期为一年,逾年改选。从清光绪二十九年至民国十二年(1903—1923),沙元炳连选连任县商会会长。"

《东皋话旧》第35—46页《沙元炳对如皋的贡献》:"在沙任职(任商会会长)期间,商会多次处理行业纠纷和经济纠纷,议定物价,校正度量衡,分摊捐税。先后集资倡建大成盐栈、因利布厂、新生港大通轮船公司、皋明电灯公司和商业学校。组织地方产品送南洋劝业会、世界博览会、江苏省物品展览会展出。辛亥革命时,为南京临时政府遣送客军筹集数万银圆。张謇在南通创建通(通州)、如(如皋)、海(海门)、泰(泰州)、东(东台)、泰(泰兴)、崇(崇明)七县总商会,如皋商会捐献建筑费

---

① 彭伟:《乡贤沙元炳:追随张謇办实业,造福乡梓成楷模》,《南通日报》2021年4月19日。

数万元。民国十年苏北发生大水灾,商会支持粮商赴上海购买大宗'仰光米'以济民食。"①

"仰光米"是由缅甸进口的大米。大米多由缅甸的仰光运出,经香港到上海,再转运其他地方。

与扬州知府吴炳仁有诗唱和。吴炳仁至如皋为解决东台、如皋两县百姓利用万民涵洞调配用水的争端。参与解决争端。

《志颐堂诗文集》诗卷一,第19页有诗《吴莼甫太守以事至如皋,赋诗见赠,依韵奉酬》,诗有注:"癸卯岁,太守以万民涵洞事来,平东(东台)如(如皋)两邑之争,至今赖之。"

吴炳仁(1840—1921),字莼甫,安徽盱眙(今安徽明光市)人,晚清四川总督、署成都将军吴棠的侄儿,曾任大胜关税务,后任扬州知府。

---

① 周思璋:《东皋话旧》,《江海文库》(第三辑),南通市文学艺术界联合会,2006。

光绪三十年（1904），甲辰，41 岁

七月，作《月坡李先生纪略》。①

该文《志颐堂诗文集》未收录。如皋西北乡李氏家族有光绪甲辰年修编的《李氏族谱》12 卷，内有该文，文末有："时光绪甲辰年孟秋之月　赐进士出身、翰林院编修、世愚弟沙元炳顿首拜撰。"

10 月 11 日，派如皋公立简易师范学堂的副办张藩，去日本考察明治维新以后的教育，延聘学校需要的日本教师，看望在日本进修的教师。后张藩著《甲辰东游纪略》②一书，详尽记述考察之事。

在《甲辰东游纪略》里，张藩以日记体裁，记录了九月三日（10 月 11 日）出发到十一月十二日（12 月 18 日）回国期间考察日本的见闻。全书两万多字，重点记载了日本教育方面各种详细的信息，包括师范学校、盲哑学校、女子学校、中学、小学、幼稚园的办学情况和日本各类学校的办学章程以及学制、课程、案例等。与教育关系密切的博物馆、图书馆、运动场等，记录也很详细。此外，对日本的工业、商业、蚕桑以及中日贸易等，都有记载。张藩还结合中国到日本留学学生的具体情况，建设性地提出了教育改革的诸多主张。《甲辰东游纪略》是南通教育史上的

---

① 吴志强：《东皋文史》，2022 年 6 月 15 日文。
② 张藩：《甲辰东游纪略》，通州翰墨林印书局印刷，如皋初级师范学校、如皋教育会事务所发行，光绪三十三年（1907）四月。

重要文献，大力推进了教育事业发展的进程。

10月23日、24日（九月十五日、十六日），在海门县参加张謇的焚黄礼。

《柳西草堂日记》第594页："（九月）十五日，沙健庵、徐翔林、王漱六、范肯堂、龚伯厚等先后来。（九月）十六日，行焚黄礼，健庵为制使，宋跃门、孙伯龙为通赞。晚间享各宾客。"

焚黄礼，祭礼名，品官新受恩典，祭告家庙祖墓，告文用黄纸书写，祭毕焚去，故名焚黄。后亦称祭告祝文为焚黄。

1905年2月3日（一九〇四年十二月二十九日），第二子沙迎出生。

《志颐堂诗文集》文篇卷中，第41页，《沙迎妻顾合窆志铭》："迎，如皋沙元炳仲子也。以光绪三十年十二月二十九日生，翌日元旦，又立春，因小字迎新而名以迎"。

《志颐堂诗文集》诗卷三，第10—11页，《庚戌除夕杂诗》里有一句"阿迎年七岁，甲辰诞今日"。庚戌除夕是一九一〇年除夕，沙迎已经7岁了。

《志颐堂诗文集》诗卷八，第4页有诗《元日示迎二首》，注曰："迎生于光绪甲辰十二月二十九日除夕，次日元旦立春，故小字迎新。"

光绪三十一年（1905），乙巳，42 岁

四月，推动如皋成立学务公所，主管全县学务。任学务公所议长。

《东皋话旧》第 35—46 页《沙元炳对如皋的贡献》："光绪三十一年（1905）废科举，如皋成立学务公所，主管教育，沙兼任该所议长。二年后，学务公所改为'劝学所'，旨在奖励绅民创办学校。"

民国《如皋县志》卷七《学校志（下）·学务公所》："本县于清光绪三十一年四月……即设学务公所于城内冒家桥东（即现如皋师范地址），主持全县学务，负责者为议长沙元炳，副议长马文忠、张蕃。"

五月，参与成立地方自治组织"通海五属学务公所"，作为统筹推广新式教育的办事机构。与张謇、孙宝书一起任议长。

《柳西草堂日记》第 610 页：1905 年，"五月一日（6 月 3 日），通海五属学务公所开办"。

《张謇的交往世界》第 239 页："光绪三十一年（1905），为了推进教育，成立了通海五属学务公所的地方自治组织，作为统筹推广新式教育的办事机构。沙元炳和张謇、孙宝书一起出任议长，议员 13 人（通州、静海 5 人，海门、如皋各 3 人，泰兴 2 人）。通海五属学务公所成立后，开展了卓有成效的工作……"

秋，担任如皋安定小学堂首任校长。

《东皋话旧》第 141 页《清末民初如城的庙产兴学和僧办教

育》:"光绪二十九年,安定书院附设的蒙童学塾改为蒙学堂。三十一年七月科举废止,各地兴学之风大盛。如皋县城内外先后创办了不少学堂。当年秋季,安定书院改为安定小学堂,沙元炳兼任堂长。后来蒙学堂并入安定,改名安定两等小学堂,至今仍名安定小学。"

九月,为张謇治病,医术得张謇赞誉。

《柳西草堂日记》第615页:"(九月)四日(10月2日),畏寒不适……寒益甚,午后不能支,乃卧,覆被四层,夜半方热而微汗。五日,热不退竟日……六日,服丁甘仁(常州人)方,汗。客不绝。七日,袁海观廉访荐吴子佩(观乐)来诊,以三子养亲汤三方服。初煎,午后小僮误以革老所服补剂与服……旋知之,急服莱菔汁一碗。中夜牙龈尽浮,烦燥不能寐。八日,仍服子佩方。午后健庵、海秋来,健庵排吴而是丁(著者注:肯定丁甘仁的药方),谓是湿温,必发红疹。遍体皆酸痛。孔驯亦来……十日,臂微见疹。十一日,胸、背有疹,颇密。十二日,红疹中兼有白痦,渐隐退。健庵于温病条辨,致力颇深,故药率当病,病率应药,留方二而归。"

九、十月间,与张謇等向商部呈文和联电两江总督周馥"言沪宁路事",痛陈路权丧失的危害,一起开展收回、自办苏省铁路的运动,反对将铁路主权出卖给英国公司。

《张謇全集1·公文》第96—97页,《江苏绅士吁请代奏派沪宁铁路监督公呈》清光绪三十一年十月(1905.11):"具公呈人,江苏在籍绅士三品衔商部头等顾问官翰林院修撰张謇、五品衔翰林院编修王同愈、翰林院编修冯诵清、翰林院编修沈云沛、翰林院编修沈文瀚、翰林院编修邓邦述、翰林院编修沙元炳、吏部郎中前军机章京鲍心增、户部候补主事孙宝书……为沪宁铁路糜费太巨,公举本籍正绅二人为监督,逐款钩稽,藉保公益,而重路政,吁请代奏请旨施行事。"

《张謇的交往世界》第 242 页:"光绪三十年(1904)英国开始建造苏省铁路,引起了当地人民的极大愤慨,纷纷表示抗议。次年秋,形成了斗争的高潮。九、十月间,张謇偕王清穆、沙元炳等向商部呈文和联电两江总督周馥'言沪宁路事',痛陈路权丧失的危害,反对盛宣怀将铁路主权出卖给英国银公司(即中英公司),表示'欲责成收回,亦必自逐款钩勒始'……张謇还主张苏人自筹路基地价 25 万镑,以减少借款和多少收回一些主权(地权),希望早日将路权赎回。在张謇等人致商部头等顾问官黄慎之的电函中,告诉他'津镇铁路苏省辖境,拟地方筹款自办',并请他明示'沪宁铁路是否官款收赎,抑俟核减后仍由地方筹款','苏省路政紧要,应如何保护地方主权之处'。在这场由张謇领衔的斗争中,沙元炳坚决地站在张謇一边与之并肩作战"。

将如皋公立高等小学堂改为如皋师范附属高等小学堂,给师范生提供实习场所。

《如师校史》第 12 页:"为便于学生实习授业,1905 年将清光绪二十七年创办的如皋公立高等小学堂改为附属高等小学堂。1908 年附属高小扩充为附属两等小学堂。"

诗赠如皋新任县令周景涛。

《志颐堂诗文集》诗卷二,第 3—4 页有《赠周松孙明府。明府为壬辰同年,由翰林改官刑部,复改令如皋》:

早矜才调近明光，改秩南来各老苍。
　　道在宁为官所腐，思沉能识我非狂。
　　十年梦息京尘远，八月风多海气凉。
　　许共谈诗知政简，试参隐语记任棠。

"明府"是对县令的尊称。周景涛，字松孙，号洵生，福建侯官人。光绪十八年（1892）壬辰科进士，翰林院编修，京师大学堂提调，清末名医，曾于光绪末年被征召至京城为御医。

光绪三十二年（1906），丙午，43 岁

正月，居家养病。

《志颐堂诗文集》诗卷一，第 19 页有诗《丙午元旦，喜晴，时病疡不出门，赋诗遣兴》。第 20 页有诗《题程翼苍先生所藏画册》，中有："丙午元月，养疴家居。"

3 月 14 日（二月二十日），在南京与张謇晤谈，然后一起到镇江。

《柳西草堂日记》第 626 页："（著者注：二月十一日，至江宁）二十日，健庵来……二十二日，莘丈、健庵同回。早诣建德，辞行……晚抵镇江，与莘丈同住电灯公司。健庵独回通。"

3 月 22 日（二月二十八日），邀请张謇到如皋高等小学演说。在兴办教育方面的杰出贡献得到张謇高度评价。

《柳西草堂日记》第 626 页："（二月）二十八日，早行，一时至如皋。健庵及周松孙大令请至高等小学校演说。江北学校通、如最先而最多，如皋设无健庵倡之，焉能如此。校之规模少逊于通，然非扬属所及，可喜也。六时行，健庵、树屏、阆樨、辑五、少农同送至老坝头。"

三月，参与创办通海五属公立中学（即今江苏省南通中学前身）。

《柳西草堂日记》第 627—628 页："三月十八日（4 月 11 日），健庵、树屏、周松孙至校。十九日，海秋、龙研仙来。梁

伯通来。二十日，厅、州、县官绅会议合建中学事。估费十六万圆，州、县各捐千，厅捐五百，余兄弟助州五千、厅千、如皋五百。"

《张謇的交往世界》第239页："光绪三十二年（1906）三月二十日（4月13日），张謇邀集士绅40人在通海五属学务公所议商设立公立中学校事宜，沙元炳出席会议。会上讨论了学校定名、校地、校舍、名额、筹费、筹备等六件大事，形成了《通海五属中学集议要略》的文件。以后围绕办学问题又先后进行过两次会议。是年八月，校舍兴工；光绪三十四年（1908）十二月竣工；宣统元年（1909）二月十六日（3月7日）正式开学。从而诞生了南通历史上第一所中学，这就是现在江苏省南通中学的前身。"

7月，与如皋知县周景涛共同创建的半工半读的孤幼学堂正式开学，学堂使如皋周边失去父母的孤儿也能受到良好教育。

《志颐堂诗文集》文篇卷中，第27页，有《士族孤幼学堂碑文》："光绪三十一年，闽县周公以京师大学提调来令如皋。时元炳方与县士大夫壹志兴学，徒手无赍藉，乃杂并书院、义学、宾兴诸费济其用，而抚幼塾实为之基。抚幼塾者，故县中耆旧所建设，以教养贫乏子弟者也，其立意，视今学制为近，与义塾异。塾既废不治，移其费于学。而生徒岁给，饮食楮墨之资，且二十金，以故来学者多阀阅有力者之子，而贫乏者或不得与。元炳尝与公言，歉然以为大憾，而公遂有建士族孤幼学堂之议。盖公少失怙且贫，尝读书义塾，习知其苦，而性又仁恕推爱，故独感发不能自已也。议既定，仍就抚幼塾葺治为学舍，延师范生之学绩优异者为之师。饮食教诲，悉取给于官。于是故家茕独之子，彬彬乎知学矣。"

《东皋话旧》第35—46页《沙元炳对如皋的贡献》："光绪三十一年，福建闽县周景涛来如皋任知县……到任不久即与沙元炳、张藩等人创建了半工半读的孤幼小学堂。"

《如皋文史资料》（第五辑）第167页，袁采之《孤幼小学记略》："1906年7月，如皋县孤幼小学堂开学。"①

综合以上，孤幼学堂应该在1905年开始创建，到1906年已基本建成。

10月，组织如皋初级师范入学3年的第一届本科生前往上海龙门师范、苏州师范参观访问。

《如师校史》第13页："（1906年）10月份，入学3年的第一届本科生，由监督、教员率领前往上海龙门师范、苏州师范学堂参观访问，努力拓宽学生视野。"

下半年，和张藩创办"测绘专修学校"，附设于如皋初级师范，培养专门的测绘人才。

《如皋县文史资料选辑2》第42页，张凤亭《如皋测绘局丈量地形始末》："1906年下学期，沙健庵、张树屏（张藩）等办了'测绘专科学校'，附设于如皋师范。"②

《东皋话旧》第494页，《如皋县水利会、测量局、清丈局始末》："光绪三十二年（公元1906年）如皋师范学堂总理沙元炳（健庵）副办张藩（树屏）亦仿效其法，在师范附设测绘班，特聘日本人井泽恒美、片山环、下村觉太郎为教习，教授测量、绘图及计算。招生32名（一说30名），二年卒业。"

创办如皋私立乙种商业学校，任校长。

---

① 政协如皋县委员会文史资料研究委员会：《如皋文史资料》（第五辑），1990。
② 如皋县续编县志办公室：《如皋县文史资料选辑2》，1980。

《如皋文史资料》(第三辑),第2页,沙彦高《沙元炳先生事略》:"1906年,创办如皋私立乙种商业学校于范家桥南,沙元炳兼任校长,具体工作由许占梅主持。"俊人、毅公《回忆如皋县商会》第155页:"沙元炳创设了如皋乙种商业学校,自任名誉校长,聘许占梅为校长。商业学校的优秀生则推荐入广生油厂任职。"

光绪三十三年（1907），丁未，44 岁

二月，与如皋知县周景涛共同创建的艺徒学堂（乙种工业学堂）开学。

《东皋话旧》第 35—46 页《沙元炳对如皋的贡献》："光绪三十一年（1905），福建闽县周景涛来如皋任知县……与沙合力创设艺徒学堂于县衙东侧的考棚内，聘吴肇璜为主事，招收 13 岁以上的初小毕业生。课程有修身、国文、习字、工业史、算术、理化大意、历史、地理、英文、图画、体操和实习。于光绪三十三年（1907）二月开学。宣统三年改名'乙种工业学堂'。有教职员 25 人，学生 206 人，7 个班级。民国初年，学生逐渐减少，于民国十年（1921）左右停办。"

六月，收集得元代书画家倪元镇真迹《中秋夜》诗。

《志颐堂诗文集》诗卷二，第 5—6 页有诗《丁未六月，项晴轩得霞起楼李氏旧藏倪元镇手写〈中秋夜〉诗。因为乡先辈遗物，遂索以归。余中秋前一日，夜坐志颐堂，时积雨初霁，月色皎然，重展此册，抚今怀古，触事增凄。作诗酬晴轩》。

项晴轩，项本源的父亲。

"霞起楼李氏"，指李之椿（1603—1658），字大生，号徂徕，明南直隶如皋人。与王思任、倪元璐、黄道周、王铎合为"天（启）崇（祯）五才子"。初任吏部主事，因直言遭忌卸职回乡，在如皋城东南筑"指树园"闲居。清朝建立后，因秘密从事反清复明活动被捕，绝食而亡。工于诗，著有《徂徕集》《指树园集》《霞起楼诗集》等。

倪瓒（1301—1374），字元镇，号云林，江苏无锡人。工诗文、书画。擅画墨笔山水、竹石，与黄公望、吴镇、王蒙合称"元四家"。

8月30日（七月二十二日），第三位夫人唐氏去世。

《志颐堂诗文集》文篇卷中，第39—40页，《唐姬墓志铭》："循先垄，逾桥而东，有阜岿然者，唐姬墓也。元炳生三十五岁，元室沈夫人殁。既释服，再昏（著者注：同'婚'）于泰兴沈氏。越三岁又殁。先妣孙夫人老病且愈，乃大戚谓：'终其身无妇矣。'时姬居外舍，命之归，畀治家事。勤敏善承夫人意，复大慰，以为无妇而有妇也。而姬之卒也，在光绪三十三年七月，先先妣殁七十二日，于宣统三年正月，从孙夫人柩同日窆于斯阡。姬逮事吾七年，死也，吾无暇泣；葬也，吾无暇临。忽忽五年，墓树盈把矣。追维旧事，始觉当日之可悲也。铭曰：姬有姓，系自唐，名曰芙，字藕香。贯江都，郡则扬。年廿四，以瘵殇。敛其骨，近我旁。永相望，毋相忘。"

据沙氏后人回忆，唐氏1884年生。

《志颐堂诗文集》里记录唐氏的诗文有：诗卷二《唐姬逝后八月初十日夜，梦床侧生菌如儿手臂，指皆具色如黄蜡，嗅之有异味，抚之温腻不异真手，惊而寤，甚恶之，越日读东坡〈石芝〉诗，忆其形状颇类所谓肉芝者，因赋诗聊以自遣》《中秋夜坐悼唐姬藕如》等。"藕如""香姬"等，都是沙对唐氏的称呼。

9月4日（七月二十七日），在如皋接待郑孝胥。郑孝胥为如皋的师范学校题写校名"师范学堂"四个大字，镌之于石。该镌石现仍完好保存于南通师范高等专科学校如皋校区校史馆内。

《郑孝胥日记（二）》第1105页："（七月）廿七日（9月4

日），雨。晨过沙健庵元炳、张树屏藩。作联扇数事。观《水绘园补契图》，又借观《冒巢民小像》……午刻，同过周子迪方伯，晤其弟子固。又作字数幅……饭毕出城，周子固、周松孙、沙健庵、张树屏皆送至小轮。"①

《志颐堂诗文集》文篇卷下，第4页，《水绘园补禊图题记》："岁丁未，苏戡（郑孝胥）、季直（张謇）先后过如皋，并有题识。"诗卷二，第5页有诗《送郑太夷（郑孝胥）返沪江》：

小邑何人识伏波，乍钦名德慰蹉跎。
时危稍惜休官早，愿大宁忧负谤多？
半席清谈腾海县，满空凉雨黯关河。
留诗未尽平生事，临睨风云眼几摩。

《如皋县文史资料选辑3》第106页，袁采之《如皋创办学堂的情况》："学校成立未久，两江总督周馥来校视察，后郑孝胥（清朝廷大官，官衔忘记）来校，题校名'师范学堂'四个大字，镌之于石。"②袁采之关于如皋近代历史的多篇回忆文章都被一一证实，故其回忆可信度极高。《如师校史》第6页记载此事在1908年。查《郑孝胥日记》，从1900年到1918年，他到过如皋的记录只有1907年9月4日这一次。《郑孝胥日记》公认真实细致。据以上，郑孝胥为如皋师范题写校名极有可能在1907年9月4日。《如师校史》第6页："1908年……清廷大臣郑孝胥来校，监督沙元炳请郑题词。郑乃书'师范学堂'四个大字。"校史的记载拖后了一年。

11月11日（十月六日），母亲孙濂贞去世，享年78岁。

---

① 郑孝胥：《郑孝胥日记》，中华书局，1993。
② 如皋县续编县志办公室：《如皋县文史资料选辑3》，1981。

《志颐堂诗文集》文篇卷中,第38页,《清资政大夫沙府君夫人孙氏墓志铭》:"(孙濂贞)然竟以旧疾卒,春秋七十有八,光绪三十三年十月六日也。"

11月11日(十月六日),带头捐款八千元、倡导在如皋筹办博物馆的消息见于《时报》《新闻报》。

《全国报刊索引》资料《时报》丁未十月初六日(周一,1907年11月11日)第三版《杂纪》第5篇《筹办博物馆》:"如皋沙健庵太史,拟仿照通州办法,在如皋设一博物馆,已首先捐助八千元为创办经费云。"①

《全国报刊索引》资料《新闻报》1907年11月11日《各埠新闻》栏目有《拟设博物馆》:"如皋沙元炳编修,仿照通州办法,拟在城设一博物馆,以备各校生徒研究物理之地,闻编修已首先捐款八千元以为之倡云。"

1908年1月17日(一九〇七年十二月十四日),在如皋接待张謇。

张謇到如皋是为吊唁沙元炳的母亲。

《柳西草堂日记》第654页:"(十二月)十四日,往如皋,吊沙健庵太夫人之丧。"

第二个女儿沙瑜出生。

《志颐堂诗文集》诗卷三,第11页,《庚戌除夕杂诗》里有一句"女瑜刚四龄,绣袿才过膝"。庚戌是1910年,沙瑜4岁。

---

① 《全国报刊索引》,上海图书馆。

光绪三十四年(1908),戊申,45岁

2月28日(正月二十七日),在大生纱厂与张謇晤谈。

《柳西草堂日记》第656页:"(正月)二十六日,早至厂。二十七日,候许东畲太守不至。沙健庵来。"

春,与如皋知县郭曾程等人组织成立如皋县农会,担任会长。

民国《如皋县志》卷六《食货志·农业》:"光绪三十四年春,奉农工商部令行各省州县组织农会,改良农村,讲求农学。县令郭曾程会同士绅沙元炳、张藩、朱祖荣、许树枌、汪云龙、董步瀛、祝福申、道其南、祝寿慈、顾蓉镜、江朝宗、于兆昌、吴达甫等,召集地方抚幼农学经验资产庶丰者组织成立,公推沙元炳为会长,许树枌等为评议员,朱祖荣为坐办兼编辑员。委任吴金森、葛云骞、范辉庭、汪漱兰、孙轶群、白子野、朱子英为办事员。宗旨为提倡农业,改进种植及农村副业,解决农村主佃纠纷。会中经常费用均由会员会友会费充之。会址附设县商会,各乡、区成立分会,统计会员会友逾二千余人。"

春,担任如皋僧立两等小学堂名誉校长。

《东皋话旧》第141页《清末民初如城的庙产兴学和僧办教育》:"在清末的兴学热潮中,如皋的一些知名和尚也不甘落后,光绪三十四年春,县城的定慧寺监院根源与菩提社洁莲、大觉庵金奎、海月寺象成、伏海寺铁岩、崇善庵悉融共同集资在中禅寺(故址在今公园巷)内创设僧立两等小学堂,聘沙元炳为名誉校

长，林梓陈其嘉主持教学，每年经费 900 多银圆，由各大寺庙共同负担。初开时仅收幼僧，学额不足，教员仅三四人，故经济较其他小学宽裕，课程与普通小学相同。民国初年改名僧侣私立国民学校（国民学校即初级小学），兼收俗家学生。吴坚（字子厚）、石瑞光（字慈生）继任校长。1920 年后，有的创办人已圆寂，各寺庙借故推诿，不肯承担经费，因此于民国十六年（1927）停办。"

陈其嘉（1862—1934），字君楳、可则，号扃叟，江苏如皋林梓人，祖籍安徽祁门。清光绪己丑（1889）恩科举人，国史馆誊录，1906 年署扬州府高邮州学正，创办如皋林梓初等小学，晚年研医。清朝末年到民国初年，襄助沙元炳在实业、教育、团练、农会、商会以及清丈水利、修县志等领域处理政务 30 余年。沙元炳去世后，主持将《如皋县志》（民国志）修撰完成。著有《瞿思室诗文集》。

6 月，因办学业绩大，光绪皇帝同意免扣向朝廷告假期间的资俸。

《全国报刊索引》资料《政治官报》折奏类二，光绪三十四年五月二十七日（6 月 25 日）第 237 号，第 18 页，《又奏编修沙元炳在籍办学免扣资俸片》："再署江宁提学使陈伯陶详据署通州知州关炯详称、据如皋县知县周景涛详准、如皋教育会咨开，在籍翰林院编修沙元炳自光绪二十八年九月督建高等小学嗣改办初级师范扣至光绪三十三年十月初四丁忧日止，先后总理学务已近五年，似应比照京官在籍办学免予扣资之例，详请奏咨前来……合无仰恳天恩，准将在籍翰林院编修沙元炳免扣资俸，以重教育。出自鸿慈逾格。除分咨外，谨附片具陈。伏乞圣鉴训示。谨奏。光绪三十四年（1908）五月二十四日奉。朱批：该部知道，钦此。"

7月，因此前捐资助学数额巨大，光绪皇帝同意由翰林院编修议叙四品衔，加级从二品。

《全国报刊索引》资料《政治官报》折奏类二，光绪三十四年六月二十九日（7月27日）第269号，第11页，《两江总督端方、江苏巡抚陈启泰奏编修沙元炳捐资助学请给奖片》："再查学堂章程，本省绅民捐资兴学，准予奏奖，历经遵办有案。兹据署通州直隶州知州关炯详称、如皋县知县周景涛详称：在籍绅士翰林院编修沙元炳捐助通州师范学堂银洋1000元；通海公立中学银洋2000元；如皋公立高等小学银洋1000元；嗣改高等小学为初级师范附属高等小学，复捐田112亩4分，计合价洋3696元；共折合银5300余两（著者推测：以上合计捐资银洋7696元，按当时每个银圆约等于0.7两白银计算，约5387两白银）。照新章捐例，以五成实银核计，拟请由翰林院编修议叙四品衔，加级请给从二品，封典以资鼓励等情。具详请奏前来。臣等复查，该编修沙元炳目击时艰，捐资助学，为数至五千余两之钜，实属深明大义，自应照章奏奖，以资观感而励将来，且所请由翰林院编修议叙四品衔，加级请从二品，封典核其银数亦署有盈无绌，合无仰恳天恩，俯准照拟给奖，以昭激励。出自逾格鸿慈。除分咨外，请合词附片具陈。伏祈圣鉴。谨奏。光绪三十四年（1908）六月二十三日奉。朱批：著照所请，该部知道，钦此。"

12月18日（十一月二十五日），在唐闸与张謇晤谈如何平息如皋石庄镇百姓对"官盐栈"的误解及由此引发的哄乱。

《柳西草堂日记》第671页："（十一月）二十五日，健庵至闸，夜同拟江宁电，说石庄事。二十六日，健庵回如皋。"

《张謇全集2·函电上》第238—239页有张謇《致端方函》（清光绪三十四年十一月二十五日　1908.12.18）："如皋石庄事，语具沙健庵太史及石庄就近绅士所示概略，语皆详核。……如皋盐栈委员所用设分栈之人，本不妥洽，又其所卖之盐，即系缉私取获之盐，名曰功盐，不充赏而充卖，且种种苛待乡民之事，因遂启哄。然石庄距通州、如皋城均六十里，彼自因盐启衅，何为牵及学校？其为乡民因盐滋事，而从前毁学怀忿之人，藉词煽动而利用之可知。且揭帖语虽悖逆，而文理似通不通，闻每帖辄二三人笔迹，又故误'健庵'为'见安'，其为架词于逆，而托故于枭又可知。所谓两种性质也。兴学之必用和平，办盐栈之必用和平，此定理也。然此为未滋事以前言之。若既滋事，则概用和平，又不足济事，而或且生事，故法理又有不得不申之势。今愚民为盐栈而哄，至于毁栈，至于逞凶，至于揭帖有悖词。近日江干并有真匪船至，与乡民联合，声称不设盐栈则已，设则必举事。将盐栈果因此而止乎？是褻运司之令也。运司令可褻，州县令更可褻。未可也，将悉仍前弊而设乎？又非可以对不滋事之民也。且词涉于学，今日挟众以毁栈而效，明日必更挟众毁学。学可听其毁乎？不能听其毁，则必于此滋事之人而惩之，或以儆凡欲滋事之人。昌言揭帖至有伪号，滋事之大者也。此而不惩，民将焉儆？故愚欲以混合救平之。拟请暂不设栈，先饬李镇或徐怀礼带兵驻扎该处，务访缉主张揭帖为首之人，予以严惩。一面饬盐栈由场运盐供销，减价敌私，招各镇铺商，给予凭照，设盆分销。价减则私自无所容，各铺分销，则无缉私之扰。目前官必有折耗开支之累，然一二年后，居民相安，自可相时提价。至居民相安，则官栈可撤。直可令商就场买盐，自设商栈，而纳每斤一文之厘，以收前耗。如此则不保学而学赖以保矣。惟石庄一带滨江，素为枭踪出没之地，事即救平，仍须有兵驻守数月耳。愚见如此,乞公鉴夺施行。"

将如皋初级师范附属高等小学堂扩充为附属两等小学堂,将师范易名为"如皋初级师范兼中学附属两等小学堂"。

《如师校史》第12页:"为便于学生实习授业,1905年将清光绪二十七年创办的如皋公立高等小学堂改为附属高等小学堂。1908年附属高小扩充为附属两等小学堂。"

宣统元年（1909），己酉，46 岁

自捐数千银圆，创办如皋商会私立乙种商业学堂，任总理，二月，学堂开课。

《东皋话旧》第 35—46 页《沙元炳对如皋的贡献》："（1903年）如皋商务分会成立后，沙元炳为了培养新型的商业人才，在城内范家桥的继善堂设立商业学堂。创办经费由商界捐助，沙自捐数千银圆。常年经费由商会定期拨付。设国文、读经（四书）、作文、习字、英文、算术、珠算、簿记、商史、商品学、商业道德、世界地理、体育、估洋（验银圆真假）等课程，并组织学生到商店实习。第一期招初级小学毕业生 50 人，学习期 3 年。沙兼总理，王福基（锡五）任主事（相当于校长）。宣统元年（1909）二月开课。有教职员 5 人，另有从商店聘请的兼职教习。"

得知兴教育、办学校的得力助手张藩于 7 月 7 日（五月二十日）病逝，在极度悲痛中作诗怀念。诗题极长，达 116 字，且数度用典，在赞扬、叹惋张藩的同时回忆与张藩的知己关系，足见与张藩情感之深切。

《志颐堂诗文集》诗卷二，第 14 页有诗《己酉五月二十日，闻张树屏舍人以疾卒。呜呼已矣！陈仲举之志业，至此都灰。刘孝标之友朋，倏然俱尽。凄怆平生之言，感慨数年之事，前颠后踬，谁实助予？众嬉子忧，世宁容汝？昔漆园寝说于惠子，牙生辍响于钟期。发言莫赏，古德所叹。而悲来无端，不能自已。爰缀四章，以抒哀愤。神往不远，庶其鉴之》。题目中陈仲举是陈

蕃，东汉名臣，一说陈仲举出自《世说新语》；刘孝标为南朝梁学者与文学家；"昔漆园"一句讲庄子与惠子、伯牙与钟子期。

该诗中有句"莘莘学校视如林，赖是衡融翊赞深。两载连伤左右手，百年不隔死生心"。沙元炳有注："指君与马孝廉芷洲。"由此可知，沙元炳创办如皋师范时的另一副办马文忠（字芷洲，举人，拣选知县）应该在1908年辞世。

张藩曾协助沙元炳兴办学校、赴日本考察教育、著《甲辰东游纪略》，光绪三十四年（1908）秋至京就职。次年改元宣统，在北京突然患病，请假回家医疗，不久竟辞世。《志颐堂诗文集》里关于张藩的诗文有《谢张树屏藩惠菊》《送张树屏舍人之官京师》《寄怀树屏京师》《喜树屏自京师归赋赠》《会树屏葬》《祭张树屏中书文》《过树屏旧居宴赏牡丹凄然怀旧》《读树屏遗诗率题其后》等。直到1921年，张已去世12年，沙还有诗《祝少穆笋石斋仿张氏退圃而筑，树屏读书处也，少穆树屏墓有宿草，退圃亦归鹤亭，上巳日集笋石斋感赋赠伊衡》，怀念张藩。

9月，在南京开会，选举咨议局议长。张謇当选议长。

《柳西草堂日记》第688页："（七月）二十七日（9月11日），六时三刻行，至芦泾港，附'德和'船，健庵同行。二十八日，至南京，与健庵同寓悦宾楼十七号。二十九日，谒张督、樊方伯。与徕之定八月初一日咨议局先期以督部令召集议员办法。久香来。侯生夜谈颇久。八月一日（9月14日），公集于咨议局筹办处，定初三日为召集期，候徐、淮议员也。决定记名投票及票数不足决选法。二日，以与本省事实便利相当之议员资格告健庵、久香，商推徕之，二君赞成，雷、孟亦赞成，而淮、扬、宁人独否。夜与久香仍诣雷继兴谈，侯生复来谈。三日，午后二时开会，樊方伯以咨议局总办名义临场。到会者九十五人，以得四十八票为议长当选，讵徕之得四十七，余得四十六，夏虎臣得二，乃用决选法。余知不免矣，卒得五十一票，副议长则仇徕之、蒋季和也。夜，复论工程栋事。自至宁后，夜辄过十二时寝，大苦。伤风。"

咨议局是清朝末年改革中建立的地方审议机构，是清末立宪运动中，于1909年9月前后，各省相继成立的省级民意机构。

与张詧、张謇在广生油厂第一次股东会议上倡议：增股或另招新股，改建广生油厂西厂，换置新机器，争取更大利润。

《张謇全集4·论说、演说》第160页，《沙健庵张退庵张啬庵在通州广生油厂第一次股东会议上的报告》："本公司创办之初，因西厂机器出数不多，与诸君决议别建东厂，增置新机，并力筹办。先后成立相距不过年余，本无所谓新旧。第以西厂机式较小，饼样不能与东厂一律，购者辄指为老机，故抑其价，种种蚀耗，全赖东厂新机为之补助，故改建西厂换置新机，实目前急不容缓之图。……惟建筑须款，购机需款，进货需款，较前过半，非增加资本别无办法。按照《商法》，公司添招新股须尽旧股东分认，有余始得为额外之分派。今日开会，请诸君咸临，提议兹事。凡应增加资本若干，或全由原股东认足，或原股东共认若干成，不足者另招新股。务希通筹公决，期在必成，公司幸甚。"

宣统二年（1910），庚戌，47 岁

聘请仲蔼人担任如皋师范学堂教师，招收魏建功到如皋师范学习。

《如师校史》第 37 页："仲蔼人（1884—1970），海安县西场镇（原属江苏如皋）人……1910 年毕业于南京优级师范学堂图画手工科……沙元炳……专程前往聘请至如师任教，并接纳其外甥魏建功入学。仲在如师执教 16 年，治学严谨，教导有方，深得师生好评，沙并为仲所作《美人鹦鹉图》题诗。1918 年，何景平校长派仲蔼人、刘之询、黄家瑞等 6 位教师赴日本考察，受到日本军警的严密监视……加之看到日本校方向青少年炫耀侵略中国的'战绩'，灌输对外扩张的法西斯教育，仲蔼人等深感痛心。回国后，他们向师生痛述访日见闻，号召学生发愤学习，为国雪耻。次年'五四'爱国运动爆发后，如师学生二百余人上街宣传御侮救亡，焚烧日货，与仲蔼人等的抗日救国宣传有很大的关系。"如师校史资料《任教职员录》记载仲蔼人于宣统二年进校任教。

《志颐堂诗文集》诗卷三，第 16 页，有《为仲蔼人题美人鹦鹉》。

魏建功（1901—1980），语言文字学家、教育家、中国现代语言学的早期开拓者之一，北京大学中文系古典文献专业奠基人、北京大学副校长，中国科学院哲学社会科学院士，《新华字典》主编。1910 年，魏建功随舅舅仲蔼人到如皋师范求学，经考试合格，编入如皋师范附属三年制高等小学一丙班，

1913年以优异成绩通过预选，提前升入如皋师范预科学习。不久，他的老师缪文功去南通任省立第七中学即南通中学校长。缪文功从如皋师范挑选了一批优生随他去南通学习。魏建功就是其中一位。

宣统三年（1911），辛亥，48 岁

2月25日（正月二十七日），将母亲孙濂贞、第三位夫人唐氏一同归葬如皋林梓。

《志颐堂诗文集》文篇卷中，第36页，《清资政大夫沙府君夫人孙氏墓志铭》："宣统三年正月二十七日，沙元炳谨葬先妣孙夫人于县东南林梓镇之南原。"第40页，《唐姬墓志铭》："而姬之卒也，在光绪三十三年七月，先先妣殁七十二日，于宣统三年正月，从孙夫人柩同日窆于斯阡。"

5月，因办学业绩巨大，两江总督张人骏、江苏巡抚程德全奏报宣统皇帝进行嘉奖。

《全国报刊索引》资料《政治官报》折奏类二，宣统三年四月初八日（5月6日）第1261号，第14—15页，《两江总督张人骏奏编修沙元炳等办学年满请奖折（并单）》："奏为员绅办学年满拟请照章给奖以示鼓励恭折具陈仰祈圣鉴事……如皋初级师范兼中学附属两等小学堂……创办斯校者为翰林院编修沙元炳……拟给奖以昭激励……会同江苏巡抚臣程德全恭折具陈，伏乞皇上圣鉴训示。谨奏。宣统三年四月初五日奉。朱批：该部议奏，单并发。钦此。"奏折后附请奖人员名单和建议奖励方法："谨将……请奖各员开缮清单，恭呈御览……如皋初级师范兼中学附属两等小学堂在事请奖人员：监督四品衔翰林院编修沙元炳，拟请以应升之阶开列在前，并俟升缺后加三品衔……宣统三年四月初五日奉，朱批：览。钦此。"

支持辛亥革命。辛亥革命后,如皋光复,被推为如皋民政长,对革命军给予大力支持。

《东皋话旧》第 35—46 页《沙元炳对如皋的贡献》:"1911年10月10日,武昌起义成功,通电全国。……当时如皋城无一兵,库无一械,而江滨海曲饥寒流离之民极多,居民惶惶不安,讹言四起,一日数惊,有钱的纷纷逃往农村。时有负责缉捕私盐贩子的缉私营,分驻于如皋东乡和海安、东台一带,营部设在海安。帮带蔡和林(竹贤)是河南信阳人,治军尚称严明,与沙元炳素有往来。沙派人持信请蔡率部速来如城维持治安。正巧有部分江防水师乘机叛乱,荷枪入城,意在抢掠。蔡当即收缴叛兵的武器,平定了暴乱。众绅董会议,成立临时军政分府,宣布拥护共和。公推周莲为军民临时总司令,沙元炳为民政长,蔡和林为军政长。出布告安民,通报全县,沙与蔡约定:凡应安辑抚绥者元炳任之;而一以镇慑追捕之事属君(蔡)。当时时君所部不满千,能资为肺肠者仅三四。乃日与训告约敕,唇灼舌卷。诸新附者不旬日而化悛悛好子弟矣。可见蔡的部下不足千人,鱼龙混杂,经过沙、蔡二人谆谆告诫,才能遵守纪律。沙又派同盟会员黄家瑞(七五)至上海大生纱厂驻沪事务所暂借 3 万银圆,购买步枪 300 支、手枪 10 支、子弹数万发,运回如皋,召募新军 100 余人,成立义勇队,与缉私营共同负责治安。"

民 国

民国元年（1912），壬子，49岁

二月，卸任如皋县民政长。

《东皋话旧》第35—46页《沙元炳对如皋的贡献》："民国元年（1912）二月，江苏省署委安徽人李大年来任民政长，临时军政分府撤销。"

年末，在镇江。

《志颐堂诗文集》诗卷四，第17—19页有诗《京江怀古》《登焦山作》《游焦山杂诗》《覆选省议会日步至金山》等，诗均作于1912年年末。

创办的师范学校更名为"如皋县立师范学校"。辞去师范学校校长职务。

《如皋县文史资料选辑2》第23—26页《辛亥革命后如皋情况点滴》："1912年，沙元炳辞去（师范学校）校长职务……校长职务由何镇寅（何景平）接替。"

任江苏水利督办。

《志颐堂诗文集》第 6 页《影印沙志颐堂诗文集引言》："俟健庵公以逊清翰林院侍讲于鼎革后任江苏水利督办……"

作《蔡竹贤四十寿序》。概述了蔡和林的功绩，特别是回忆了很多与蔡和林合作、在辛亥革命前后支持革命、保境安民、保护革命成果的细节。

《志颐堂诗文集》文篇卷下，第 23—26 页，《蔡竹贤四十寿序》："有清季世，魁柄下移，纪纲大政，愈变愈乱者，不可胜数，而以盐法为尤甚。自就场缉私之议兴，于是江北滨海产盐之地，咸屯以兵。设一统领将之，分其属于各县，水陆要冲星罗棋布。其兵常散处，不易控制。而又皆募自五方与土著，不习为之。率者，或起自椎剽，枭桀虣武，不甚恤民疾苦。睢睢盱盱，互猜迭忿，兵民交哄之事，月有所闻，江淮之间，昕夕骚然矣。

宣统元年九月，信阳蔡君竹贤，来长如皋军。君少隶自强军尺籍，娴于兵事，继乃有事浙皖赣鲁奉诸省，迁调靡常，于人情风俗，通达干练，又能驭兵以严，临时以慎，未尝妄戮一人、偾一事，而盐额亦溢。以故莅军未一年，而如皋人士无贤愚，咸翕然称颂。以为吾县自有兵以来，未有贤如蔡军者也。君驻军泰县之海安，顾时时来如皋，于县之民风土俗无不悉，寇攘奸宄无不治，学士大夫无不友，而尤乐与元炳游。每过从置酒张乐，相与论天下事变，高谈弦议，悉中窾要，由是益重君。遇当世贤豪君子，亦时以县人士所以称道君者称道之。

辛亥之秋，武昌事起，江南响应，诸枭盗亡命，咸得间思逞。如皋城无一兵，库无一械，众皇皇然。谓非亟乞君移师至，不足以固吾圉。甫成约，而他部水师变，荷枪入城，声张势厉，不易戢。君部适驰至，咄嗟讋伏，遂收其军。因群推君长军政，而以民政属元炳。当是时，江苏一省，号称都督者四，号称司令者无算。募兵征饷之使，相望于道，臂束径寸之帛，佩银章，钤朱印，眈眈而至者，迷莫知其谁，何至。则民辄惊，谣诼蜂起，而乡曲桀黠，或依缘为奸，以觊自便。四境之内，北则徐海猖狂乞食之民，鸟集而鳞萃，须镇慑也。西南则滨江数十里，风潮为灾，雁户嗷嗷，须振抚也。东环大海，葭蒲弥望，锦帆白波之徒，抵虚蹈隙，焚卤剽掠，所过无舍烟，须追捕也。官府治事之地，昼尽日，夜尽星，众口欢然，丝棼麻沸。乃相与定议，凡应安辑抚绥者元炳任之，而一以镇慑追捕之事属君。

是时，君所部不满千，能资为肺肠者，仅三四。乃日与训告约敕，唇灼舌卷，诸新附者，不旬日而化，俊俊如子弟矣。副官刘某，驻石庄，察其有异志，命腹校驰禽之，即代领其众。海安某弁，造言，荧军心谋不轨，诱致之，立斩以徇。一军大惊。会海寇犯丰利场，寇数百，势訇訇达市。丰利团练，遥见二白旗，初疑为乡团来会也，趣众迎之。而君所部在丰利者，仅炮艇一。驻河滑哨弁孙某，徐察之，知非乡团，大呼曰：寇至！寇至！疾卧地，避。寇枪猝鸣，团练且不支。孙亟移艇炮于岸，蔽以树，发炮猛击，乃大溃，击杀无算。是役也，以炮艇十余人，歼寇几百，由是无敢窥如皋者，如皋人士，益知君军之果可恃也。

事稍稍定，盐政仍旧制。南通张君为之长，素重君，檄通泰各场旧有之缉私营，悉隶焉。而兼卫地方如故，于时天下咸称已治矣。元炳既以病谢事，君职益日简，复过从酬酢如故。元炳尝戏语君曰：吾年今四十九，君又少我九岁，未甚老也。顾念数月以来，宵不知有寝，旰不知有餐，肌默色瘠，精丧神瘁，自今视之，殆如旷世。人目之所接，耳之所触，瞬新息异，千奇万诡。综计数月所历，殆如千岁，人吾两人。每见当相贺，君亦哑然笑，谓余言之可味也。

旧历十月二十一日（11月29日）为君生日，如皋人士咸造元炳请，以为交君最笃，知君最详者，莫如元炳，当有言侑觞以铭君之功。元炳独谓，君当强盛，大有为之时，而遽进冈陵之颂，于义不伦。顾尝旷览当世，以一介之夫，集数千之众，成一旅之师，自为渠帅。肝人以取位，残邑以敛货，岂不自谓雄于天下哉？曾不一昫而菌萎荧灭，身僇名丧，为骏僮顽竖所窃笑者，未能偻指也！今君以四十之年，数月之功，能使吾县百数十万人，馨香顶祝，群愿以寿。寿君，则寿莫大于此矣！因历叙功绩，著于篇，以代鼎钟之铭，寻常颂祷，概从略焉。"

蔡和林，字竹贤，河南信阳人，两淮缉私营管带，原驻海安，部下也分驻如皋。辛亥革命如皋宣布独立，任如皋军政长，后升标统。

与钱莲塘、汪云龙等人合资，在如皋城创设广生德药材行并开业，经营药材批发和收购地产药材。

《如皋历史文化》第128页："发起开办广生德中药号，共有员工40多人，房屋60多间，集收购、加工、批发、零售于一体。"

《东皋话旧》第35—46页《沙元炳对如皋的贡献》："清朝后期，如城内外有药铺20多家，其中只有浙江兰溪人开的诸葛实裕和慈溪人开的永懋慎两家资金雄厚，经营药材批发，其余都是中小零售店。农村所产动、植物药材无人收购。沙元炳发起，与城里的钱莲塘、汪云龙（子霖）和磨头章家尖的章姓合资1万银圆，创设广生德药材行于丰乐桥西西典巷内，聘慈溪人童祖余为经理，经营药材批发和收购地产药材，民国元年（1912）开业。沙又继续召股，有祝、董等姓富绅和西典管事赵日昌（学周）、定慧寺监院僧凌云等人增资1万银圆，于民国三年租赁新安会馆所有丰乐桥东的店房一所，前后共60多间，开设广生德新记中药号,朝北店面 3 间,对面柜台,零售饮片和丸散膏丹、花露、药酒;后进经营药材批发和收购。原来的药材行房屋作货栈,养有梅花鹿,作制造'全鹿丸'之用。店员、工人共 40 多人。1950 年广生德收归国有,1954 年改为公私合营。"

有诗赠别冒鹤亭。

《志颐堂诗文集》诗卷四,第 19—20 页,有《赠别冒鹤亭》:
　　相看啼笑总难施,十载违君万谷移。
　　少日声华刍狗贱,此行心迹海鸥知。
　　抱关梅福官犹隐,去国遗山史是诗。
　　自古东瓯名胜地,得闲来乞笋舆资。

该诗写于《癸丑(1913)元日观群堂看梅叠施字韵》前,应是一九一二年年末。诗稿以信件方式转冒鹤亭。《冒广生友朋书札》第 357 页有录,附有"鹤公(冒鹤亭)将之瓯(浙江温州的别称)海关监督任,旋里小晤,赋诗呈教。弟元炳上"[1]。

冒广生(1873—1959),字鹤亭,号疚斋,别署瓯隐、钝宦,江苏如皋人,冒辟疆后代,近代文化史名人。曾任民国农商部经济调查会会长、江浙等地海关监督、中山大学教授、南京国史馆纂修等。新中国成立后任上海市文管会特约顾问。著有《小三吾亭诗文集》《疚斋词论》《冒鹤亭诗歌曲论著述》《四声钩沉》等。

---

[1] 上海博物馆图书馆:《冒广生友朋书札》,上海书画出版社,2009。

民国二年（1913），癸丑，50 岁

3月22日（二月十五日），终身未嫁的小姑病逝，享年82岁。

《志颐堂诗文集》文篇卷中，第38—39页，《季姑沙贞孝女墓志铭》："姑为王考府君、讳鸿钧之季女。年十七，王妣沈夫人殁时，王考府君……不再娶……姑哀父志，誓不嫁，愿以事母者事父……年八十二以疾卒。时阴历癸丑二月十五日也。"

4月9日（三月初三日），在如皋城东水绘园参加修禊活动。有诗文可见对传统文化的认同和家国情怀。

《志颐堂诗文集》文篇卷上，第31—32页，《癸丑三月三日雨香庵修禊诗序》："祓禊，祭名也。古春秋皆有禊，仅举春禊自晋始。暮春之禊，古以上巳日行之，仅用三日自魏始。其事纪于《礼》，咏于《诗》，载于《论语》，侈于汉晋以来史志、杂家之纪述。盖古以神道为教，祭礼特繁，休沐游观，多以祭日为之，而禊尤有除旧更新之义。自天子以至庶民，无不招携水滨，祓除衅浴。唐宋以来，古意浸微，惟学士大夫把玩光景，张宴赋诗而已。古与今相续而不相若也，不必礼乐刑政之大，道德理数之微，即一时一事，名存而实亡者固如斯夫。

旧历三月三日，潘子鹤青（潘桂龄）谓合于兰亭修禊之年，就城东雨香庵招客会饮，以赋其事。雨香庵，故水绘园地，康熙乙巳冒征君偕渔洋、迦陵诸人禊饮所也。庵侧有池，池广不十亩，有楼翼其上，楼下有籧。籧狭而曲，仅足容席。诸客杂坐谐笑，俯槛四望，波光树色，凄神沁骨。每思陵谷变迁之际，犹得

斯乐，辄舍然以喜。既而念故国遗老旧时觞咏之地，寻所谓枕烟亭、湘中阁诸遗址，菜黄麦翠，茫然莫辨其处，则又愀然以悲。于是俯仰今昔，往复吟叹，以为右军兰亭之文诚可感也。虽然，吾犹进焉。……与斯会者，休宁赵日昌、谢仕选，丹徒赵臣杰、潘桂龄，南通孙恩绪，如皋许树枌、沙元炳、顾元起。凡八人，人各有诗，元炳为之序。"

《志颐堂诗文集》诗卷五，第4—5页有诗《癸丑三月三日仿兰亭修禊事同人于雨香庵水明楼禊集分韵》：

乌篷三日摇春波，风帆对我如飞梭。
闭窗兀坐作新妇，但把旧句支颐哦。
到家风定云日霁，青林出沐天起疴。
行縢未解简在几，云有嘉会城东阿。
晋来二十六癸丑，宜修禊事追临河。
水明楼下洗钵水，当年曾照渔洋歌。
良辰胜地两相值，不醉奈此流光何。
我老懒看新历日，计时四月当清和。
弃去新历赓故事，此意恐被时髦诃。
急遣篮舆叩兰若，未暇泥淖湔袜靴。
群贤迎揖惊且喜，软脚劝倾金叵罗。
病余止酒但强饭，谈笑已空僧厨箩。
高篇大句忽照眼，许浑跌宕赵嘏多。
此才何止压司李，直欲驾蹑谷与坡。
酒阑吟歇日未晡，更施新令修矛戈。
韵限八字字禊帖，约敕严峻同制科。
自由束缚世所戒，诗政乃胜嬴秦苛。
海枯石烂才不竭，隆隆只听砚磨螺。
须臾诗成谐笑作，花笺出袖翻傞傞。

  水绘遗老魂不灭，应为两颊生微涡。
  嗟我上巳阅五十，得遘此乐鬓已皤。
  裁诗纪事聊自唶，前有感慨今则那。
  注："许浑跌宕赵鍜多"句指当天许树枌、赵臣杰诗先成。
  修禊，是古时濯除不洁的节日，于农历三月上旬巳日临水洗濯，借以祓除不祥。三国魏时开始固定为三月初三。也有朝代不只在春季举行。

  4月，被推举为江苏省议会议长，在前去就任途中折回，以"自审病躯万万不足以任事"为由辞职。有诗文或明确表明、或用典故隐晦表明对时局的不满和不愿为官的态度。

  《江苏省志·大事记（中）》第27页：1913年2月22日，"江苏省第一届议会在南京丁家桥省议会会场举行第一次常委会。会议选举许鼎霖为议长，钱崇固、沙元炳为副议长……4月26日，大会同意许鼎霖议长辞职，选举沙元炳为议长"。

  《志颐堂诗文集》文篇卷上，第41—42页，《答张策清、潘丹仲论辞省议长书》："前读赐书，藉审会中近状。似于元一身之去留，甚关系全会之嚣静也者，元窃以为过矣。元之辞职，非有所激焉，蒽焉，疑沮焉，有托而为此请也，亦自审病躯万万不足以任事，不得已而出此也。今推诸君爱我之心，与对于议会之意，得毋以冀此席者，众姑命元一莅焉，庶以息难解之争邪？议会者，固吾江南北六十县之人所托，以表示其意思者也。议长者，又同会百数十君子所认为首事者也。以议长为无足重轻，则尽人可为，何有于争？以议长为首事重要之人，而因欲免一日之争，仍属之衰孱不足任事之人，吾未见其有益也。天下之患，莫大于任事者仅居其名，而无事事之实。吾见今之膺显职者矣，其初不甚审度，率然而就之，稍有艰阻，则谢病而去耳。号为维新者，数年曾无毫毛加于昔，此辈阶之厉也。

元之断断请退职者，亦计之熟矣。病更数年，形日以羸，气日以怯，一食息之违时，一动作之不慎，必数日病，若勉强赴事，必常常缺席。首事者既如此矣，安能责同事者不如此也？即使辅我者恒代我，爱我者恒贷我，而以全省所委托与同会所认为，首事者今不事事者如此，曾不如腐官猥僚，虽极废事，犹未尝一日去职也。揆之良知，能一日安乎？顷者反覆教言，诸君责望之殷，竺爱之忱，犹豫无由自裁，迟久未答。顾此旬日之间，已三饮药矣。内抚厥躬，既有所不胜；外度诸义，复有所不可。用是决然仍申前请，诸君诚爱议会、诚爱元，宜速筹改选。衰庸如元，诸君犹不以为可弃，似江南北之大，议员人才之众，岂无一人焉可举而肩此任者？若虑或出于争，争者一人心思所趋之的也，选举者百数十人，岂无公共所趋之的？亦各求诸良知而已。人人求诸良知而真分定矣，岂有他道哉！策清知我而明于医者也；丹仲知我又与我习熟、知我病状者也，故率贡其区区。"

《志颐堂诗文集》诗卷四，第 21—22 页有诗《赴江苏省议会，身行至唐闸，病作却回，赋二律》：

> 一手难回万派东，旋车吾分岂天穷。
> 安排懒性从多病，弃掷名心渐老翁。
> 朋旧远分软臂酒，闲身无碍打头风。
> 春江着意催归兴，岸杏墙桃已自红。
>
> 内热隆隆蕴百忧，吾生如序已惊秋。
> 知无鸾凤嘲篱鹬，任说猕猴驾土牛。
> 论事甘藏三尺喙，虚名只博一身疣。
> 衰迟久息元公梦，揽袂云将逐化游。

张策清、潘丹仲二人为议会议员。

8月2日，与张謇、张詧等在《通海新报》上为南通医院熊辅龙的戒烟药品做推介广告。

《张謇全集5·章程、规约、告启、说略、帐略》第138页，《介绍南通医院熊省之君精制戒烟神丸》："……熊君省之所制戒烟丸，改良十余次，经验二年余，灵效无比……介绍人：张退庵、张啬庵、储铸农、刘一山、习位思、陈葆初、沙健庵、沙元度、王己劲、钱实秋、杨静山、黄励生、于香谷、孙敬民、蔡少岚。（据1913年8月2日《通海新报》）"

熊辅龙（1886—?），字省之，江苏武进湟里镇人，1904年入通州民立师范学校乙班本科学习。1905年受通州师范派遣赴日本留学，入千叶医学专门学校学习，1911年完成学业。南通医院首任院长。

8月29日，与张弧、张謇、韩国钧致电国务总理熊希龄，希望蔡和林带兵仍驻防南通如皋并举荐蔡和林升职。

《张謇年谱长编（民国篇）》第72页："1913年8月29日（七月二十八日），（张謇）偕张弧、韩国钧、沙元炳致电熊希龄：通、如等县'地广兵单，若更抽减，无以言防'。请转呈总统函谕，'（蔡和林）仍驻原地保卫治安'。（《熊希龄先生遗稿2第1513页》）"①

《张謇全集2·函电上》第394页，《与张弧等致熊希龄电》："北京熊总理鉴：凤。宁事所闻，益不可疏忽，海、如□□江外，海、泰尤接近江阴，溃兵土匪息息堪虞，仅恃蔡统领和林所统淮南缉私三营，分驻防卫，按照已不敷布置。自雷巡阅使将米占元原驻盐陀兴东之三营调赴前敌，岱杉电调蔡军分兵前往填驻，为

---

① 庄安正：《张謇年谱长编（民国篇）》，上海交通大学出版社，2018。

通、如四县计,我虑地广兵单,若更抽减,无以言防。盐东四县,米营外本另有三营,岱杉到官,取以自辖,岱行已矣,尚无统将,拟请转呈总统,任蔡为淮南缉私统领,将盐东缉私三营一并归属,冀收六营六县统哨分卅三哨。原辖之通、如等三营,请查照八月三号军事会议处转奉总统函谕,仍驻原地保卫治安,桑梓安危所系,□□□□□。蔡和林自辛亥以来防卫通、如,舆论洽然,拟请中央任命为淮南统领,并授陆军□尉之职,令有系统,亦奖前劳,并盼先复。张弧、张謇、韩国钧、沙元炳。(据《熊希龄先生遗稿》)"

电报说明了沙元炳等人积极举荐蔡和林升职的缘由。后熊希龄接受了沙元炳等人的提议,同意蔡和林驻防南通如皋并升职。

10月9日(九月十日),五十岁生日,有诗文婉拒、感谢亲朋好友的祝寿好意。

《志颐堂诗文集》诗卷五,第10页,《五十自寿诗并序》:"……岁癸丑,元炳年五十矣。九月十日为揽揆之辰。朋好思酾酒,撰言为寿。元炳以为遭际国变,居常忧伤愤慨,一身犹赘,则不能寿。江南再兵,流亡载道,偏隅幸全,苦乐异趣,则不忍寿。老父在堂,身犹孺子,则尤不当寿。于此,而欲命介具币、奉笔札,乞言于当世号称贤达、魁俊者之前,匪弗取宠且辱我,否则虚谀我。辱与谀,皆不任受。就令不辱不谀,而言未必称吾意,所出,又乌能寿予。……城之东北麓,旧有园数亩,东邻水绘,南瞻霞起,皆明季遗老觞咏地也。他日吾园落成,于堂之东偏,酹酒陈诗,招天生、辟疆诸先生之魂,焚而献之,叩缶而歌之,云车风马之间,得毋有泪随笑堕者乎?"

"揽揆"出自《楚辞·离骚》"皇览揆余初度兮",端详衡量,借指生日。

9月26日，与张謇、张詧等一起募捐救济南京灾民。

《张謇全集5·章程、规约、告启、说略、帐略》第139页，《通海如泰东盐代募宁赈启》："民国二年（1913.9.26）宁祸之酷，为洪杨以来所未有。兵匪荼毒，全城几墟，流离载途，死亡枕藉，诚浩劫也。吾通海等县向以完善著称，此次幸能安堵。一江衣带，苦乐悬分。古者尚有恤邻之文，吾辈矧关同省之谊，起而谋拯，具有同情。顷宁垣乞振之书、告急之电日必数起。霜风紧逼，虑残喘之难延；锋镝余生，更痛疫之易染。前次沪赈，退、詧各捐五百圆，大生纱厂捐一千圆，各实业典捐一千圆。兹更由退、詧各捐六百圆，大生正厂六千圆，分厂三千圆，并他实业各有捐助为倡。惟是宁民数十万，施惠不易均沾，断非沪恤数千圆，急义便能表示，需振既繁，数多益善。诸君子热心慈善，不吝仁施，倘荷赞成，即希签示。回溯沪战开始，假令海门某党请兵之计行，扬州以东傅海一带早经糜烂。今日区区赈款似转不值一较也。诸惟惠览。发起人：南通储铸农、许敬五、张退庵、张詧庵、章西园、单蛰堂、徐秋谷、梁缙卿、徐静仁、习位思、刘一山、顾伯言、倪镜人、张树源、于香谷、陈葆初、陈章云、韩凤池、姚锦堂。海门卢子衡、王已劲、张佐虞、茅友仁、刘乙青。如皋蔡竹贤、陈君楳、刘烈卿、沙健庵、汪子林、李耆卿、祝书楷、道少吾。泰县泰兴韩子石、葛星楼。东台丁禾生。盐城陶湛春。（据1913年9月26日《通海新报》）"

"宁祸"是指二次革命中1913年8月，讨袁军与袁世凯军队在南京的血战。战争给南京造成极大破坏。

民国三年（1914），甲寅，51岁

1月23日（一九一三年十二月二十八日），第五子沙达出生。

《志颐堂诗文集》诗卷九，第35页，《腊月廿八日，为达儿生日。儿亡已半月矣！悲从中来，遣之以诗》：
伤我六龄子，难为半月人。身阑生日死，鬼趁旧年新。
周晬刚添妹，家仪正祀神。群嬉偏缺汝，触眼倍酸辛。

堕地全家泣，儿生已不祥。为孙名未识，与祖命宁妨。
岁岁思亲泪，年年对汝长。那知今日痛，又割几回肠。

愤极惟余悔，忧生每中微。儿多疏母职，病隐失医机。
骨相厚何益，囟颅经岂非。百思无可慰，魂在傥来依。

该诗作于民国七年（1918）十二月二十八日，原文在"儿生已不祥"后面有注解"儿生之次日，先大人弃世"指的是沙达出生第二天，沙元炳的父亲去世。"六龄子"即虚岁六岁。

1月24日（一九一三年十二月二十九日），父亲去世，享年87岁。为父作墓志铭，颂扬了父亲德行高尚、乐善好施、勤奋学习、生活简朴、谦恭自守等优点；同时扼要介绍了家族世系，以及自己办学的情况。

《志颐堂诗文集》文篇卷中，第34—35页，《有清处士赠资政大夫沙府君墓志铭》："民国三年一月二十四日，我显考沙府君卒于家，阴历癸丑十二月二十九日也，春秋八十有七。男元炳谨

视含敛,赴书告哀。于是邦人君子相聚而议曰:先生远于世者久,而施于乡者博。乡之人闻其声而思,感其行而泣,钦其光而或未审其貌,受其惠而莫能称其名字者,众也。非按典著谥,无以彰古德,示来兹。因私谥曰'潜惠先生'。元炳自少至长,求学窃名,未终岁离亲侧。见我府君,伏居数十年,未尝骛一名,干一事,交一声气有力之人。其施也,如偿;其予也,如忘。果何由致此?继念我府君隐德穆行,证以古君子暗然日章之理,知所以致爱于乡者,诚有由矣。

我沙氏于如皋称巨家,县中士族,由明代下至今,一姓历三百余年,而田宅不更他氏者,独称我沙氏。府君生二十一岁而失恃,世父又早卒,遗孤甫草,季姑以事父,誓不嫁。府君视妹犹弟,视从子犹子,日求所以安稚弱者,慰亲王考。府君性慈厚,好施予。府君顺命继志,一以亲所悦者待人。疏族旧姻贫无依者,鳏子孀孺衰病无告者,里中道路、津梁、祠宇废不治者,有请无拒,或阳拒而阴予之。

当光绪间,灾祲频仍,国家疲于振恤。江以南严佑之、施少钦,诸人咸起,布衣筹救济,持阴德感应之说,号召天下,天下翕然称善人,常呫嗫致数十万。朝廷嘉其义,令会其数于户部,得操信证奖官职。府君愍然忧焉。以为布衣司司徒,荒政之权,为世道之大变。然凡前后佽助亦累数千金,戚故有愿酬其半易所给证以得官者,屡请于府君。府君笑谢曰:恶有是。昔者间有之,其数弱,且焚之矣。逮元炳任地方学校数年间,承命捐资产几万,有司上其事,得进褒赠。府君顾不怿,谓:吾所效于乡者,义在则然耳。而乃以市宠乎?终身不易冠服。平居,夏一缔,冬一毳,非敝垢不更御。非习与元炳游者,见亦不知为吾翁也。呜呼!府君之感于人者,深矣!必有什伯于此者,而元炳能言者止此,可哀也夫!……以阴历丙辰(1916)十二月七日葬于县东南林梓镇之南原。妣孙夫人祔焉,先府君七年卒。既葬矣,别为铭,谨列叙世次于后,泣血而系之。铭曰:沙出姬姓始侯国,越汉东莱蔚生穆,五龙分骞各殊族,汝南浸昌宜州续。繄祖礼九徙江陬,传十四世君其属,罤罤夜行抱天鷽,处危而孙富而觳。施大世曼应岂独,唯一好德载四福,上告下诏丰不辱,其孤缀辞永蘴谷,后有百世视此躅。"

2月,担任南通图书馆馆长。

《张謇年谱长编(民国篇)》第102页:"(1914年)2月(正月初至二月初),南通图书馆建成。(张謇)聘沙元炳任馆长,自任名誉馆长……一说1917年6月3日建成。"

《柳西草堂日记》第828页:"(一九一七年四月)十四日(6月3日)……图书馆开幕。"

《张謇全集6·艺文杂著》第446页,《南通图书馆记》[民国七年(1918)后]据《九录》)。《九录》系年作民国六年(1917),然文内已出现"七年,儿子怡祖游美归",必误。

一说沙元炳受聘任南通图书馆馆长是在1912年。

为夏末竣工的如皋立发桥撰《如皋立发桥碑》。

《志颐堂诗文集》文篇卷中,第24页,《如皋立发桥碑》内有:"甲寅季夏,桥乃底完。"一说《如皋立发桥碑》撰于1915年。

秋,如皋县水利会及附设测绘局成立。任如皋县水利会会长直至病故。

《如皋县文史资料选辑2》第32—33页,袁采之《如皋县水利会及附设测绘局之回忆》:"如皋县水利会及附设测绘局成立于1914年秋……会长沙元炳……1927年,会长沙元炳病故……"

"如皋县水利会及附设测绘局成立后,工作事项为:(一)设置全县水准标志……(二)测绘全县地形图……(三)测绘全县河道地形图……(四)测绘河道横、纵断面图……"

《如皋县文史资料选辑 2》第 42 页,张凤亭《如皋测绘局丈量地形始末》:"1914 年,沙健庵又协同丛佩功、陶肖溪、季仰韩等人,筹办'测绘局',召集毕业学生,丈量如皋县全境地形(其时如东县属如皋),至 1917 年告成。"

撰写《请设志书局启》上书如皋县长,陈述修地方志的紧迫感和重要性并着手准备编修《如皋县志》。

《沙元炳对〈如皋县志〉的贡献》中有沙元炳《请设立志书局启》:"县长先生大鉴,径启者:窃维县之有志,上以备国史之要删,下以系一邦之风教,而于国家变乱之后,政体改革之时,考献征文,关系尤亟。故自民国肇造,远而上海,近而南通,皆有修志之举。诚以居今志古,自镜得失之林;辨俗陈风,周知利害之迹。披文考质,舍志末由。如皋有志,肇始明代,陈、童、张、吕(陈清源、童蒙吉、张□、吕克孝),具有成书,五厄三灾,与运俱泯。今所存者,惟康熙卢志,乾隆郑志,嘉庆杨志,收藏故家,仅得观览。自是以后,一修于道光丁酉,再修于同治癸酉,意在赓续,取资未宏。文人雅言,吏胥簿牒,钞撮排比,无当史裁,掇拾琐事,雅类丛谈,藻饰文辞,颇杂诗话,例虽未善,事尤可征,距今又四十余年矣。教法易而古义微,管制更而典吏散。及此不图浸淫,以俟后日。窃恐新学后进,不习于旧闻,故署废曹,莫究其职掌,道丧文坠,愈远愈漓。是滋惧矣。夫志,乃一方之公言,非私门之著述。建置有因革,则法随事迁;制度有变更,则例缘义起。以今方昔,有易有难,志之有图,如人之有影。旧志所绘,仅恃画工,纵极精详,无裨准望。

今则测局将开，舆图可据，既有精密之地形，斯有真确之里步。开卷已明，按尺自得，广轮杂，无待烦言。至于地理历史，乡各编纂，言无雅俗，咸供取裁，稍事搜采，闻见略备。此其易也。维新十载，事变万端。官治自治之区分，政典法典之蜂出。农商学警，则详略殊异。秩官选举，则新旧杂糅，天学无授，纪野可删，帝制不称，皇言非纪，氏族岂尽高门，物产宜详功用，凡以部次群言，辨章流别，斟酌损益，须具别裁，虚造既乖，史法墨守，亦昧通方，此其难也。以言乎易则乘时为先，以言乎难则得人斯立。今者国史馆开，耆儒应聘，识大识小，言必有征。昔麟经载笔，远摭宝书，马史成编，旁稽语策，不有方志，斯焉取斯。元炳等生胡王礼教之乡，抱杞宋无征之惧，不揣薄植，有志修明，夫颂述遗闻，采掇故事，乡人士之责也。综核典章，钩比簿籍，有司之事也。执事学通政，法绩美廉平，行野而察民风，观乡而知王道，缅掌故于前师，贻治行于来者，必慨然以兹事为不可缓者，提挈匡正，端赖贤宰，谨述概要，罗列左方。伏希裁择，立案施行。"①

---

① 郭祥贵：《沙元炳对〈如皋县志〉的贡献》（该文几经修改，先后刊于《江海春秋》2014 年第 5 期，《江海文化研究》2017 年第 2 期，《如皋文史》第 28 期）。

民国四年（1915），乙卯，52 岁

5 月，和张謇商讨购买澳大利亚人莫理循在北京建立的"亚洲书库"的藏书。从现有资料看，购书之事并未成功。

《张謇年谱长编（民国篇）》第 166 页：1915 年 5 月 1 日（三月十八日），（张謇）致函沙元炳，谈及莫理循的"莫氏书目""亚洲书库"。

《张謇全集 2·函电上》第 528 页，《致沙元炳函》"民国四年（1915.5.1）：健公同岁大鉴：莫氏书目，前以寄蛰老。得复，有'价不大昂，拟罗致之'之语。不知尊处曾否照前议与周君子迪商定？若付现五千，存款一万，作年息七厘，则犹可说也。如何办法，幸以见复。莫氏之目，则尚存汤处也。（据《张謇信稿》）"

多次与冒鹤亭通信，诗歌唱和。

《志颐堂诗文集》诗卷七，先后有《题鹤亭所赠〈霁山集〉后》《遥和鹤亭永嘉诗人词禊集韵》《鹤亭寄示浴佛日宿觉寺观放生诗遥和其意》等诗，这些诗均作于 1915 年，其中最后一首的"浴佛日"，指农历四月初八，释迦牟尼诞生日。

秋，与张詧、张謇同游狼山。

《志颐堂诗文集》诗卷七，第 24 页有《张退庵啬庵招游狼山观音阁便至望海楼小憩》，该诗作于 1915 年中秋前夕。

组建县志局，开始编修《如皋县志》，任主纂。此后，为编修《如皋县志》付出巨大心血。

《如皋县志》创修于明天顺八年，此后数度修撰，尤其以1915年开始纂修的民国县志最为详尽。该志编修正值多事之秋，倡修者、主纂沙元炳为此付出巨大心血，可惜志书还未成功，沙元炳却不幸因病辞世。后几经辗转，县志终于在1933年脱稿，1939年得以部分印行传世。

　　《如皋历史文化》第228页："由沙元炳主持编写的《民国县志》……（沙元炳）于1915年组建县志局……主持编纂《如皋县志》。"

　　民国《如皋县志》的多篇序文可以反映该志成书、刊印情况，部分摘录如下。

　　金鉽《序》："《如皋县志》二十卷，邑人沙君健庵修之，陈君君楳（陈其嘉）成之……鉽（金鉽）惟本志义例皆出沙君手定，其原委具详陈君所撰《编纂崖略》篇，乃就夙闻于沙君之平居绪论及其书之纲领大要，述录一二，用补陈君之言所未备者焉。沙君生于清季，心知天下事不可为，通籍后求长假归，养志读书，广蓄古今图籍，尤留心地方掌故，累年求得乡先生遗著都二百余种藏于家。会省公署檄下所属郡县重修志乘，邦人君子请于官府，延沙君主其事……沙君出其家藏明万历、清乾隆二志，用以校勘嘉庆志……先是志局设立，沙君招致一时知名之士，素心晨夕，商学论文。辛辛数年间，总纂泰兴沈君海秋（沈文翰）溘然先逝，其他共事诸君，强半或亡或去。时鉽方自彭泽归来，沙君亟引鉽及其同里陈君相助为理……属草未定而沙君又病，病久且亟，犹时时倚枕衡量文字。一日，鉽偕陈君入视，沙君潸然曰：县志不成，吾死有遗恨矣！两人相顾失声，莫能置对。是岁之冬，沙君竟卒……阅十稔，几罹五厄。今志会诸先生创修民国志，而先为沙君前志稿醵金绣梓，印行传世，至是而沙君之职志完，鉽与陈君之疲心亦以少释……民国二十二年秋八月，泰兴金鉽。"

王福基《序》："……同门沙太史元炳尝欲续自同治癸酉，止宣统辛亥，采录遗闻，征求故实，汇集诸志，删繁订讹，补其所未备以成为一书。既与马、汪、祝、明、孙、郭诸君子输金发起，爰聘泰兴沈太史文瀚为总纂而躬任监修，分纂则丹徒陈祺寿、泰州汪鎣、丹徒赵臣杰，同县许树枌、潘恩元并基为六人……一书之成已不易。沈太史主纂未三稔，遽告不讳，续聘金太史鉽终其事。未几，陈、汪、赵三君相继殂谢，天不相皋，沙太史又归道山……沙太史经营创造之苦心，至是差堪告慰焉……民国二十二年七月，王福基谨序。"

许树枌《序》："……如皋有志，始于明天顺八年……至清末，旧志多佚，其存者体例庞杂，且与当时政教礼乐所尚不同。沙健庵太史力主改作，乃与总纂、分纂诸先生审条理，考得失，举旧志之疏陋繁芜者，删定而增损之，若网在纲，如金在镕。虽因而实创焉。惜人事舛午，十年稿始成，又以财绌停锓阁度者七年……中华民国二十三年孟夏，情荃许树枌序于画隐园。"

黄家瑞《序》："……清季，乡贤达沙元炳先生汇集旧志，旁搜远引，仿纪事本末例，别类分门，并采癸酉以后事迹继续编列，止于宣统辛亥，都为一书。先生延聘泰兴沈文瀚、金鉽两太史为总纂，丹徒陈祺寿、泰州汪鎣、丹徒赵臣杰、邑人许树枌、王福基、潘恩元诸先生为分纂，书未竟而沙先生遽归道山。总校陈其嘉先生综集各稿参订而完成之，全志乃竣……本志发起于民国乙卯，历经多故，迂回辗转至十八年之久始竟厥功……中华民国二十二年八月　日，黄家瑞。"

于志文《序》："……沙先生既谢事，则从事于此志，乃至垂死而犹恨其书之不成，则其志为可哀也已……今沙先生书成，视前志为加详而不诡不随不从众谤，则又其难之又难而慎之又慎者……民国二十八年五月,知如皋县事、邑人兆昌于志文序。"

《志颐堂诗文集》诗卷七,第27—28页,有沙诗《瀣秋少余一岁,曩余以五十自寿诗示,瀣秋以地方兵甈未及和,瀣秋生日余亦未有以寿也。今年瀣秋来纂县志,值余生日,追言前事,相与感叹,瀣秋有诗,依韵答之》,作于1915年。诗后附沈文翰原作,有注"健庵长仆一岁,其五十自寿诗,去年春始得见之。(一九一四年)闰夏五月,仆年正五十,将和其诗,属地方兵祸,亟日遑暇矣。乙卯九月来如皋,从容作重九,赋诗乐甚,乃成此篇,以为健庵寿,并以示诸公,相与欢笑。沈文瀚瀣秋(即海秋)。"

沈文翰,江苏泰兴县人,光绪壬辰进士,翰林院编修。

与县知事刘焕勘察如皋张黄港。

《志颐堂诗文集》诗卷七,第14页,有《偕烈卿勘张黄港,遇大雷雨,饮宿江店作》,作于1915年。

刘焕,字烈卿,安徽凤阳人,1913年至1916年任如皋县知事。

民国五年（1916），丙辰，53 岁

3 月 23 日，参加广生油厂股东会议。

《张謇年谱长编（民国篇）》第 199 页：1916 年 3 月 23 日（二月二十日），参加广生油厂股东会议，沙元炳等与会。

4 月 14 日（三月十二日），第七子沙逊诞生。

《志颐堂诗文集》诗卷九，第 8 页，有诗《三月十二日，同社过志颐堂看牡丹，是日逊儿周晬》。

"逊儿"即第七子沙逊。"周晬"即一周岁。该诗作于丁巳年，即 1917 年。

5 月 4 日，与张詧、张謇在《通海新报》推介名医马遂良。

《张謇全集 5·章程、规约、告启、说略、帐略》第 171 页，《介绍良医马伯闲》："（民国五年　1916.5.4）医士马伯闲君，世居城西十里坊，为清乾嘉时名医武周先生之嫡裔……然伯闲君虽后起，实能得其祖宗秘传之方药。且自幼即赖江氏之指示、导引，故能于跌打损伤及外科疑难诸症，确有良法。救治数起名手不能治之病，乡众诧焉。顾犹以其人工书法，善金石，出入风雅之间，而医术特其余事，是岂足以知马君乎？夫肢体断折，残废终身，疮应部位，动关性命，足并生人之至惨也。故特介绍良医俾即施治者，实亦吾人之所有责也。非有私于马君，聊贡忱于社会。敬藉广告，幸周察焉。张退庵、张啬庵、沙健庵、梁缙卿、刘伯英、薛郢生、张孝卿、马息深、王芷寒、陈葆初、徐啸岩、束劭直、葛竹溪、李晓芙、陈聘初、林颂僖同启。（据 1916 年 5

月4日《通海新报》)。"

马遂良,字伯闲,亦字瞿翁,清末南通人,杏林名医,书法篆刻家、收藏家。

5月,张謇与沙元炳商讨与镇江公司合作用如皋靛蓝制作染料事宜。

《张謇全集2·函电上》第588页,《致沙元炳函》:"民国五年(1916.5),健公同岁大鉴:欧战不停,正我国行兴染料之机。如邑靛业有名,前谈提倡振顿,不知今何似也。有镇江任生来函,云能自制颜料,不知公有意否。任非走素识,亦不知其所言虚实,能否自制。公如有意,盍先与通函一谈?来函并说明书寄阅。"同页有《致任兆霆函》(镇江裕源公司任兆霆):"民国五年(1916.5),兆霆仁兄鉴:奉函并说明书均悉。鄙人昔曾资助一留日学生习染,毕业而试于通。技术未精,操行亦薄,遂至颠蹶,今不欲复谭矣。如皋靛业素有名,以化学颜料行而落。近沙先生健庵颇有振兴之意,已将尊函寄去,果如皋奉请,必当直接通函。若招股一节,则现在金融奇窘,不论何人,决无应者。谨谢不敏。"

7月16日(六月十七日),长子沙进夫人何咏萱病故,时年32岁。

《志颐堂诗文集》文篇卷中,第40—41页,《子妇何咏萱墓志铭》:"咏萱姓何氏,清赠奉直大夫、安徽候补通判讳若霖之女。母刘宜人,六产皆女子。咏萱齿最幼而慧,善读书,因名之曰如男。年二十一,归余长子进。始以咏萱易之,归二年,产一男,不育。继产,又不育。年二十七,始生女德娴。越二年,生男允祚。阴历丙辰六月十七日,以暴疾卒,年三十有二。卒之日，家人无老少皆哭失声，余两姬哭尤痛，伤家政之无所循也。以其年十二月七日，祔葬于先茔之穆位。当咏萱甫归时，先妣孙夫人病甚矣。时抚榻命之坐，与谈家庭操作，督饬佃保事，闲语元炳曰：琛儿妇良好。儿少失母，累吾久，今得妇，吾虑释矣。然吾观其貌，果寿非宜男相也。已而连产果不育。及妊允祚，先府君日夜望曰：妇安，得生男，庶几及吾身获见增一代也。孰意允祚之生，先府君已不及见邪？孰意生未免乳，又遽为无母之人邪？余虽未甚老，病与衰并，吾又安知能终抚吾孙，及见其成立如吾儿时邪？铭曰：嗟嗟咏萱，汝夫丧母，吾亲是累，吾忧未瘳，复遗汝稚，眴息之疾，百药待试，方呼旋瞑，死且余怼，命欤疫欤？余之不德欤？累然者封汝之穸欤。"

《志颐堂诗文集》诗卷八，第17页有诗《哀咏萱》，作于1916年，诗有注："咏萱姓何氏，名如男，余长子进妇也，年三十二暴疾殂。"

7月27日，在南通南公园参加通属七场水利大会。

《张謇年谱长编（民国篇）》第209—210页："1916年7月27日（六月二十八日），（张謇）偕张詧往南公园与众堂，参加通属七场水利大会……沙元炳……与会……通属七场指南通县余东场、余西场、石港场、西亭场、金沙场与如皋县掘港场、马塘场。"

9月4日，与张謇、钱崇固商谈江苏省议会"议长问题"。

《张謇年谱长编（民国篇）》第214页："1916年9月4日（八月初七），约本日，与沙元炳、钱崇固晤谈省议会'议长问题'。沙、钱'以省（议）会恢复召集在即，特来与张啬公有所接洽'。"

11月1、2日，参加大豫盐垦公司创立会与董事会。

《张謇年谱长编（民国篇）》第218—219页："1916年11月1—2日（十月初六至初七），往大生沪事务所，分别参加大豫盐垦公司创立会与董事会议。……公司位于如皋县掘港镇，明年'6月注册立案，缴价领部照开垦'。创建人张詧、张謇、余诚格、沙元炳、徐国安、周树年、韩奉持、马文炳、束曰璐、张东甫、吴兆曾。"

12月31日（十二月七日），将父亲归葬如皋林梓。

《志颐堂诗文集》文篇卷中，第34—35页，《有清处士赠资政大夫沙府君墓志铭》："府君讳宝臣，字瀛仙……以元炳官赠奉政大夫，累晋资政大夫。以阴历丙辰十二月七日葬于县东南林梓镇之南原。姚孙夫人祔焉，先府君七年卒。"

随张詧、张謇等发布《掘港大豫盐垦股份有限公司集股章程并启》。

《张謇全集5·章程、规约、告启、说略、帐略》第173—175页，《掘港大豫盐垦股份有限公司集股章程并启》："……招股期第一次自阴历二月十五日起，至阴历五月十五日止。第二次自阴历五月十六日起，至阴历八月十五日止。……发起人张退庵、张啬庵、余寿平、沙健庵、徐静仁、周谷人、韩奉持、马敷五、束勖严、张东甫、吴寄尘。"

随张詧、张謇等发布《富安大赉盐垦股份有限公司集股启并章程》。

《张謇全集5·章程、规约、告启、说略、帐略》第175—178页，《富安大赉盐垦股份有限公司集股启并章程》："……普通股招股期自本年阴历八月十五日起至阴历十一月十五日止……发起人张退庵、张啬庵、周扶九、陈劼吾、余寿平、吴寄尘、徐静仁、孟伯扬、李诩亭、夏歧山、赵步阶、孙良璧、沙健庵、江知源、章静轩、张作三、束勋严、韩奉持、马敷五、张佐虞、裘质夫。"

开始筹建创办火力发电厂——皋明电灯公司。

《张謇年谱长编（民国篇）》第225页："同年（1916年）嘱张仁祖与沙元炳议商，于如皋城筹建皋明电厂，由沙负责招股，'但投资者寥寥'。"

作《婺源施氏族谱序》。

《志颐堂诗文集》文篇卷上，第18页，有《婺源施氏族谱序》。内有"岁丙辰八月，婺源施秉乾奉其族谱，造前而请曰：此吾婺施氏谱也。由宋以来，无虑数十修，今纂辑将竣，愿乞一言，弁诸简。"

有诗赠与冒鹤亭。

《志颐堂诗文集》诗卷八，第15页，有《鹤亭书示归志用太冲招隐韵却寄》。该诗写于丙辰年（1916），诗稿以信件方式寄给冒鹤亭。诗意应该是赞同冒鹤亭归隐的想法。《冒广生友朋书札》第360—361页有录，附有"用太冲招隐韵奉简，疚斋（冒鹤亭）先生教之，碻翯炳草"。

太冲为晋代文学家左思，有《招隐》诗二首，表达招寻隐士、与之同隐的追求。

民国六年（1917），丁巳，54岁

2月17日，在南通陪张謇视察林溪精舍、军山河道工程。

《张謇年谱长编（民国篇）》第230页："1917年2月17日（正月二十六日），邀沙元炳、丁立棠、潘荫东、金泽荣、张庸往狼山，'视林溪（精舍）工'，'同游至精舍小饮'，兼视察军山河道工程。"

《张謇全集7·诗词、联语》第193页，有诗《因视林溪工，约丁禾生、沙健庵、金沧江、潘葆之、张景云同游，遂憩精舍》（民国六年正月二十六日　1917.2.17）

《柳西草堂日记》第823页："（正月）二十六日，怡儿母归长乐。约沙、丁、潘、金、张游山，兼视军山河工。有诗。"

《志颐堂诗文集》诗卷九，第1—2页有诗《张啬庵招同朝鲜金沧江、丹徒丁禾生、太仓张景云、同里潘葆之，宴集林溪精舍，即用啬庵落成韵》，作于1917年。

林溪是张謇在狼山规划建立植棉试验场开辟的灌溉河，又开凿护山河经小洋港而通长江。张謇依溪筑舍，筑"林溪精舍"于溪边幽林中，为书斋和讲学之所，四周亭台分布，曲溪茂林环抱，四季如春，清幽宜人。

金泽荣，字于霖，号沧江，朝鲜人。清代诗人，有《沧江诗集》。

4月、5月，在如皋先后与陈祺寿、赵臣杰、谢仕选、潘桂龄、沈文翰、许树坋、汪鋆等聚会。

《志颐堂诗文集》诗卷九第6页，有诗《上巳日（三月三日）

招星楠、少琴、慕逸,志颐堂看银藤,分韵得我字》。第8—9页有诗《三月十三日,鹤青招饮菩提社,为展上巳之会,分韵得幽字》。第9页有诗《(三月)十四日集志颐堂为饯春之会,用东坡和子由园中草木韵,分赋堂前花木,分得玉芙蓉用第十首韵》,诗后附当日有诗作的人有:沈文翰海秋、谢仕选慕逸、陈祺寿星南、许树枌情荃、潘桂龄鹤青、赵臣杰少琴、汪鋈铁生。诗均作于1917年。

陈祺寿,字星南,丹徒人,如皋师范教员。

赵臣杰,字少琴,丹徒人,如皋师范教员。

谢仕选,字慕逸,休宁人,原籍徽州,住如城,曾从沙学诗文。

潘桂龄,字鹤青,丹徒人,住如皋城。

许树枌(1861—1941),字情荃,如皋人,晚号画隐老人,清末民初的书画家,亦工文史。曾任如皋安定小学校长、如皋师范学堂学监,兼授国文、历史、图画,治校严谨,与齐白石、张大千、吕凤子、韩国钧、冒鹤亭等互有唱和。抗战爆发后避居乡下,心情忧郁,不久病逝。主要作品《画隐园文赋诗词抄》等。

汪鋈,字铁生,泰州人,如皋师范教员。

5月,经江苏省第一届议会第三次常委会同意,正式辞去江苏省议会议长职务。

《江苏省志·大事记(中)》第54页:1916年12月20日,"江苏省第一届议会改选议员,因到会议员不足法定人数,决定下一年开会继续选举。1917年3月16日,省第一届议会在南京举行第三次常委会。会议历时1个多月才分次选出……参议员……会议从5月2日起,议决……议案,并同意议长沙元炳辞职,选举沈惟贤为议长。"

5月21日，在南通南公园参加大豫盐垦公司股东会议。

《张謇年谱长编（民国篇）》第238页："1917年5月21日（四月初一），往南公园与众堂，参加大豫盐垦公司股东会议……沙元炳……与会。"

6月，为沈寿治病。

沈寿（1874—1921），初名云芝，字雪君，号雪宧，生于江苏吴县（今苏州），后客居南通，张謇挚友。十六七岁时成为苏州著名刺绣能手。光绪三十年其绣品作为慈禧太后七十大寿寿礼上贡，得慈禧赞赏，慈禧亲笔书写"福""寿"两字赠予，从此更名为沈寿。1911年绣成《意大利皇后爱丽娜像》作为国礼赠送意大利，轰动该国朝野。1914年，张謇在江苏南通创办女红传习所，沈寿应聘担任所长兼教习。48岁因病英年早逝，葬于南通狼山。

《张謇传》第143—144页：（著者注：1917年，沈寿被丈夫余觉气得）"昏倒在地，口吐白沫，不省人事……中西医皆束手无策"。陈君楳建议张謇"可速请沙健庵来为雪君诊病……""张謇得此消息，便专电相请沙健庵……沈寿服了沙健庵的方剂以后，病势真的日有起色"，不久就脱离险境。第149页：沈寿想起余觉"负心的历历往事……口吐鲜血，病况又沉重了起来"。张謇"连忙急电沙健庵……沈寿接连服了沙健庵三剂煎方，吐血就止了，气也渐渐平了"。

《柳西草堂日记》第829页："（五月）九日，与健庵诊雪君病。"

《张謇年谱长编（民国篇）》第239页："1917年6月24日—27日（五月初六至初九），（张謇）两次探视沈寿，并延沙元炳、俞汝权会诊。"

8月24日（七月七日），送第二子沙迎去南通中学学习。

《志颐堂诗文集》诗卷九，第12页有诗《七月七日送迎儿就通州中学》，作于1917年。

任大豫盐垦公司董事长。

《东皋话旧》第35—46页《沙元炳对如皋的贡献》："明清以来，苏北沿海涨出不少陆地，除作为盐场而外，大部成为荒滩。光绪二十七年（1901）十月，张謇、汤寿潜、李审之、罗振玉等发起成立通海垦牧公司，移民垦殖，由张任总理。此后，沿海地区掀起成立农垦公司的热潮。沙元炳发起在掘港场南滨海地区成立大豫盐垦公司，召股集资150万银圆，沙任董事长，龚应生任经理。该公司成立于民国六年（1917）六月，总面积48万亩，主要种植棉花，佃农来自海门、启东、崇明、如皋等地，隶属于通泰盐垦五公司。"

此前南通发现民国十五年（1926）发行的"通泰盐垦五公司第一期债票"，面额"壹千圆"，定额"三百万圆"，上面印有"通泰盐垦五公司董事会代表大豫公司沙健庵"，并有沙的印章。由此可知该公司成立至沙去世，一直由沙任董事长。

主持丈量如皋县土地有了结果，测得如皋全县总面积为2570平方公里。

《如皋要览》第53页："清末及民国初年，地方绅士沙元炳主持丈量全县辖地田亩，此举使如皋成为全省最早实行土地测绘的四县之一。1917年，测得全县总面积为2570平方公里。"当时的如皋县还包括现如东县的部分土地。

民国七年（1918），戊午，55 岁

5月9日、10日，在南通为张仁祖、沈寿治病。

《柳西草堂日记》第844页："（三月）二十九日，阳五月九日。小雨。沙健庵为治仁祖病来通。"

张仁祖，字敬孺，张謇之兄张詧的次子。

《柳西草堂日记》第844页："四月一日，阳五月十日。健庵来诊雪君病，开膏丸二方。"

5月18日，在南通参加大豫盐垦公司股东会议。

《张謇年谱长编（民国篇）》第267页："1918年5月18日（四月初九），往城南别业，参加大豫盐垦公司股东会议……沙元炳……与会。"

5月24日，在南通参加组织（淮海）实业银行大会。

《张謇年谱长编（民国篇）》第269页："1918年5月24日（四月十五日）……往南公园，参加'组织（淮海）实业银行大会'……沙元炳……与会。"

6月13日（五月五日），在如皋自家志颐堂与汪鋆、沈文翰、赵臣杰、谢仕选等聚会。

《志颐堂诗文集》诗卷九，第23页有诗《五月五日招铁生、海秋、少琴、慕逸宴集志颐堂，见堂西枸杞朱实累累，异其先秋而实，率成长歌，邀诸君同赋》，作于1918年。

6月、7月、8月，与张謇一起处理长江两岸居民因江水冲

击农田引起的纠纷，同时请求江苏省省长拨款急救，极力维护江北南通、如皋江堤。

《张謇年谱长编（民国篇）》第271页，1918年6月14日，张謇"邀严善坊、高增序来通，调解通（州）如（皋）、江（阴）常（熟）纠纷。两地一江之隔，因江常聚丰公司于江阴段山夹私自筑坝，致使长江江流改向，通如沿江农田坍削严重"。

《张謇年谱长编（民国篇）》第272页：约1918年6月19日，张謇偕张詧、沙元炳先后致电齐耀琳、钱能训、李国珍等人，"若会勘后仍无切实办法，地方官绅无法维持，深恐乡民自由行动，酝成横决惨祸"。

《张謇年谱长编（民国篇）》第273页："1918年7月2日，偕张詧、沙元炳等往中公园，参加由王莘林主持的调解会议。"于会上陈述如皋沿江人民耕地被江水冲击坍塌的惨状，驳诘江阴、常熟的言论。张謇在7月2日的《通海新报》上发表告全国及南通父老书，支持与江常聚丰公司交涉。后又多次偕张詧、沙元炳或单独致电过问此事。

《张謇全集2·函电上》第657页，《与张詧等致齐耀琳函》："民国七年（1918.8.30），南京齐省长钧鉴：伏秋继汛，江涨涌急，南通楗工日益加剥，而沿江田亩向所恃为保障之江堤，现因堤外之坍日剧，任港左右余地仅仅及丈。不迅修楗，无以保堤。不即保堤，无以保地。民命财产，沧胥以铺，可胜惶悚？……现在坍逼江堤，万分危殆。莫论准予借拨，或设法饬垫，总望钧座俯念南通岁输之款不后于崇、宝，南通人民之格不贱于崇、宝，迅饬财厅先行垫拨十七八万元，以资急救工程。冒昧沥情，迫切待命。张詧、张謇、沙元炳叩。卅　印。（据1918年9月2日《申报》）"

齐耀琳，吉林伊通人。光绪进士，历任知县、知府、苏布政使等。民国成立后任河南都督、吉林民政长、江苏巡按使。民国五年江苏巡按使更名为江苏省省长，他继任江苏省省长。

10月，收到沈寿送来的生日贺礼——沈寿亲自创作、刺绣的《九九喜子图》。

该作品是沈寿为感谢沙元炳多次医治自己疾病而耗时三年特地创作的。

《志颐堂诗文集》诗卷十，第1—2页有沙元炳诗《雪宧绣赠九九喜子图，为频年疗疾之酬。啬庵要作诗，迟迟未成。啬庵以诗先之，长歌寄答》：

惟蚕有茧喜有丝，两虫巧均功殊施。
竟以蚕绩代喜用，造物虽巧无此奇。
喜子七四喜母七，八十一喜巢九室。
一室悬当空，老蟆翳景轻云烘。
一室圆且缺，潭底光摇初八月。
一室室开微见喜，仿佛日中著黑子。
旁缀六室丝蝉联，烂银摊叠墨西钱。
小者队队虮蜉生，大者脉脉缘壁行。
横看侧视各异态，岂暇评到针线迹。
开縢真欲无丹青，九九寒尽春雷号，东风拂户多蟏蛸。
自我得此图，冻蝇抢决不敢近。
髯奴缚帚惊欲捎，坐中邻几素近视，直疑粘壁非生绡。
雪宧图赠云酬医，啬翁挑我先以诗。
图如片楮费三载，诗亦婉转千丝为。
我无灵药不龟手，百金买方嗟何有。
吟诗但作苍蝇声，口软何以钩物情。

准俟重九寿堂张，式燕且喜长毋忘。

人间珠玑不足报，计直惟藉君诗当。

诗末有注："图成于戊午（1918）重九（重阳节），元生日前一日也。"

该诗作于后一年，即1919年。因为《张謇全集7·诗词、联语》第214—215页有张謇诗《健庵得九九喜子图，欲作长歌，意殊矜慎，因先挑以发之》，民国八年二月十四日（1919.3.15）：

雪宦新作喜子图，大小其数八十一。
寄赠如皋沙翰林，云报频年疗沈疾。
翰林狂喜将作歌，三日张之素斋壁。
心丝欲与绣丝会，君尚兢兢我尤栗。
雪宦未作喜子先，玩画寻真视正侧。
且视且玩芒乎微，动辨其神静辨色。
大喜作壁镜，护卵致藏密，镜里星星含疹粒。
中喜学未工，薄薄繄蝉翼，新妇周章初作室。
小喜但嬉群，缘络不成列，或蠕蠕脱空房瘝。
释虫不入土草科，得蝇亦现搏吞力。
针锋飘忽跂脚纷，丝光旋变文章别。
殊形异状各以天，喜子不知人与揭。
雪宦作绣毋乃劳，翰林作歌宁可逸。
男儿才气要敛收，敢对珠玑轻唾咳。

从张謇诗题可知，张诗先成，后有沙诗。《志颐堂诗文集》诗卷十，第2页，也有《附张啬庵謇诗》，但其内容与《张謇全集7》所录张诗有四处文字不同：护卵致周密；释虫不涉土草科；男儿才气要敛擎，敢对珠玑轻唾喀。

成功创办如皋皋明电灯公司。

《如皋县文史资料选辑2》第48页,《耀如电气公司创办前后大概》:"据听说在1916年……南通与如皋合资银圆五万元,在如城东水关南河边创办火力发电厂……定名为皋明电灯公司,由沙元炳任董事长……"

《如皋文史资料》(第三辑),第3页,沙彦高《沙元炳先生事略》:"1918年,沙元炳首倡集资创办如皋皋明电灯公司。"

《东皋话旧》第35—46页《沙元炳对如皋的贡献》:"民国七年(1918年),沙元炳与堂弟沙元椠(士度)和汪云龙等合议创设电灯公司,派遣其南(少吾)、顾蓉镜(澄之)到外地参观,编造预算,召股投资,定名为皋明电灯股份有限公司,但投资者寥寥无几。沙元炳、道其南、顾蓉镜、刘宝琳(兰卿)与沙的女婿孙恩复(来之)5人共认股3万银圆,又在南通集资3万元。沙元炳任董事长,聘南通人蒋孝纯为经理,租赁东水关内冒姓房屋数十间,购买了75千瓦和55千瓦的柴油发电机各一台,发电供城区照明。由于电力不足,光不强,用户不多,电费每度银币8角(合籼米30多市斤)。入不敷出,逐年亏损。民国十年增购125千瓦发电机一台。后来因管理不善,账目不清,通如两地股东发生矛盾,南通股东抽退资金,蒋孝纯辞职,电灯公司濒于闭歇。沙元炳委道其南暂代经理,请时任江苏省财政厅厅长的李锡纯(耆卿)出面扩股10万元,公司改名耀如电气公司。民国十五年(1926)冬,沙病殁,李锡纯继任董事长,聘陈启丰(建岐)为经理,大力整改,在东门外老坝头北通扬河畔购地7亩,砌建厂房,增加设备,业务逐步发展,转亏为盈。耀如电气公司一直经营到新中国成立以后。"

《张謇年谱长编(民国篇)》第225页:"(1916年,)嘱张仁祖与沙元炳议商,于如皋城筹建皋明电厂,由沙负责招股,但投资者寥寥。"

综合以上资料，电厂应该是于1916年开始创办，1918年创办成功。

为如皋裴氏作《裴氏重修族谱序》。

该文《志颐堂诗文集》未收录。如皋裴氏族谱中有该文，文末有："民国岁次戊午（1918）年秋冬季月　谷旦　翰林院沙元炳鞠躬。"

民国八年（1919），己未，56 岁

1月14日（一九一八年十二月十三日）第五子沙达去世。

《志颐堂诗文集》诗卷九，第 35 页，有作于民国七年（1918）的《腊月廿八日，为达儿生日。儿亡已半月矣！悲从中来，遣之以诗》："伤我六龄子，难为半月人。身阑生日死，鬼趁旧年新。……"

有诗向冒鹤亭索和。

《志颐堂诗文集》诗卷十，第 1 页，有《雨香庵古梅半萎犹花，钝宧（冒鹤亭）自镇江归，为招异於、情荃、可则同观，赋示钝宧》：

> 自然庵畔返魂梅，君到江南开未开。
> 灵迹能扶春力转，乡心偏著早花催。
> 垂垂此树残犹发，望望孤云去又回。
> 剩对老僧悟生灭，影梅弹指百年灰。

该诗写于己未（1919）年《人日（正月初七）雨中独坐》后。《冒广生友朋书札》第 362 页有录，附有"雨香庵古梅半萎犹花，钝宧（冒鹤亭）自镇江归，为招异於、情荃、可则同观，赋索钝公（冒鹤亭）和。元炳上"。

5月5日，于江北旅沪同乡维持会在上海举行的会议上被推举为董事。

《张謇年谱长编（民国篇）》第 307 页："1919 年 5 月 5 日（四月初六），于江北旅沪同乡维持会在上海举行的会议上，偕沙

元炳等被推为董事。"

5月11日，在南通参加大豫盐垦公司股东会议。

《张謇年谱长编（民国篇）》第308页："1919年5月11日（四月十二日），往城南别业，参加大豫盐垦公司股东会议……沙元炳……与会。"

七月，上海疫疠流行，传染至南通，与县长刘式撰召集官员绅董会议，在德辅医院内设立防疫公所开展防治工作，防控成效极大。

《志颐堂诗文集》文篇卷上，第34—35页，有《如皋防疫公所成绩书序》记载此事："岁己未七月，疫疠流行，由沪而通，县人医学士黄家政，自通医院驰书来告，亟白于官，为之备。县长刘先生趣召县人士议之……有几，延习泰西医者数士，设防疫公所于德辅医院，即以院主泰兴阚君嵩任之，择县人士董督之。阅日三十八，疫者八百十九，经医士诊疗者六百十六，死者四十一，都费银币千圆有奇。事罢，刘先生命书其数于籍，以谂方来，以元炳谬长其事，属志缘起于端。余惟古圣王立政，大扎与大荒并重。士君子平时饮食之宜，放于食医。民有疾病疕疡者，咸造医师，使医分而治之。疵疠大至，则大司徒令移民，如今所谓避疫也者。又均人无力，征无财赋，关市无征，贾师禁贵价，朝士虑刑贬，其视民命至重，而防之甚周也。后世惟凶荒有振恤，政法视古已疏。若夭昏札瘥，亦听人之自为，而官不预。茕茕之民一失治，悉以命委之于天，或多为弥祀报赛，以冀清解。士君子徒谨谨然，诮讪其愚，而不知顿瞀求生之民，舍兹无他计也。

今竭数医士逾月触暑犯露、奔走救疗之劳，而稽其全、失之数,乃视古上,工犹倍蓰焉。谈者谓泰西防疫之法,效固如斯。岂知古圣王行政之意,亦如是邪?吾读《周礼·疾医》,凡治民疾病、死终,则各书其所以而入于医师,所以备稽考而垂鉴戒。然则斯籍也,殆犹得先王之遗意欤?同时为育德堂医士治疗者别有书。沙元炳序。"

闰七月,为南通司建侯著作《难经编正》作序,字里行间可见沙元炳的国学功底和对传统中医学的态度。

《志颐堂诗文集》文篇卷上,第12—14页,《难经编正序》:"南通司建侯著《难经编正》上下篇……以《难经》之词简意博,理深趣远,读者能尽其辞者尠矣。尽其辞、畅其意、会其通,为之爬梳抉别,究尾明首,非夫博综群言、根柢圣道者,其孰能任哉!今司君破数十家注之疑,以成斯篇,虽未知于越人本诣若何,要亦尊生者所乐闻也。玄操称越人受长桑君秘术,能澈视藏府,刳肠剔心。说盖出于史迁,即今泰西医所谓解剖术也,而其术不缀于经。世有好学深思如司君者,能发明以补其亡,庶几吾国神圣工巧之道,或者其终不亡矣乎!己未闰月如皋沙元炳序。"

《难经》全名《黄帝八十一难经》,中国古代中医学理论著作之一,传说为战国时期秦越人(扁鹊)所作。该书以问答的形式解释疑难问题,共讨论了81个问题,包括脉学、经络、脏腑、疾病、腧穴、针法等。

创办如皋公立医院。

《如皋文史资料》(第三辑),第4页,沙彦高《沙元炳先生事略》:"1919年,沙元炳主持创办如皋公立医院。"

一说公立医院创办于1921年。《如皋要览》第136页:

"1921年县绅沙元炳发起创办公立医院于沙家河塘，后迁益人桥南。"

医术受到沈寿赞赏。

《张謇传》第150—151页：1919年，《雪宦绣谱》"印出以后，沈寿持着绣谱……朝张謇道：'生我者父母，活我者沙先生（沙元炳），知我者你'"。

有诗为清代诗人金泽荣（朝鲜人）70岁祝寿。

《志颐堂诗文集》诗卷十，第8页，有诗《寿金沧江七十，时以〈韶濩堂续集〉寄赠并赋答谢》，作于1919年。

民国九年（1920），庚申，57 岁

1月31日至2月5日（一九一九年十二月十一日至十二月十六日），往返南通。在通会晤梅兰芳、欧阳予倩两位艺术家，欣赏其表演，有诗赞颂。会晤张謇等，与张謇等人一起编订《梅欧阁诗录》，以纪念梅兰芳和欧阳予倩相会于南通弘扬京剧的盛举。

在张謇的邀请和安排下，1920年1月12日梅兰芳到达南通，与戏剧家欧阳予倩在南通更俗剧院演出多场，南通城为之倾倒。为迎接梅兰芳的到来，张謇在郊外专门修建了一座牌楼，取名"候亭"，以示对梅兰芳的尊重和推崇。又在更俗剧场的前台大门楼上新辟了"梅欧阁"，借以纪念梅兰芳和欧阳予倩相会南通。

欧阳予倩（1889—1962），生于湖南浏阳，戏剧家、作家、编剧、导演，先后毕业于早稻田大学、明治大学。中国戏剧界有"南欧北梅"之称，"南欧"指欧阳予倩，"北梅"即梅兰芳。1919年，张謇在欧阳予倩协助下，在南通筹建戏剧学校。9月中旬"南通伶工学社"成立，成为我国第一所培养京剧人才的新型戏剧艺术学校，张謇担任董事长，其子张孝若出任社长，梅兰芳为名誉社长，欧阳予倩就任主任并主持教学工作。

《志颐堂诗文集》诗卷十，第11—12页，有诗《十二月十一日至唐闸，舟中遇雷雨，次日雪》《雪霁过啬庵，出示梅欧阁联吟集，晚间招集适然亭观雪，赋诗奉酬》《补吟梅郎演〈木兰从军〉〈天女散花〉二剧，戏呈啬庵》《十五日早雪》《立春日（十

二月十六日）到家》等，均作于己未年末，即农历一九一九年末，公历 1920 年初。稍晚还有《连日集通俗剧场，观梅郎所为剧，读啬翁所赠诗，意皆不能无感。步韵呈啬翁》《纪观梅郎自制剧〈游园惊梦〉〈黛玉葬花〉〈天女散花〉》《人面桃花曲纪欧阳予倩所制剧》等诗。

《志颐堂诗文集》文篇卷上，第 31 页，《梅欧阁诗录序》："极天下之工者，皆足以易天下之情，而况于乐乎？吾读《卫》《王》诸风，世敝甚矣。而俣俣硕人，始夸而终叹。阳阳君子，言乐而意悲。彼遭际乱世，全身远祸，隽哲同也。而独涠迹伶官，托其才艺，平心反性之益，冀以自效，厥志尤隐，故圣人取焉。梅、欧二生，伶之极工者也。啬庵既建伶学于南通，延欧阳主之，并招梅生歌，各尽其艺。广场既开，万掌竞拊，赞不尽辞，多寓于诗，诗各异观，悉褒（著者注：似当为裦）诸集。一简在手，百戏具陈，玩咏未竟，荡心悦魂，忽焉忾叹，思我美人。盖于古诗人之意，犹或遇之，若夫藉视听之娱以邕堙郁之气，非知微君子未易观省也。如皋沙元炳叙。"

《张謇全集 7·诗词、联语》第 236 页，有张謇诗《雪后健庵来，因同唯一、劲直诸君小饮适然亭，订梅欧阁诗录》（民国八年十二月十三日　1920. 2. 2）。

《张謇年谱长编（民国篇）》第 339 页："1920 年 2 月 2 日（十二月十三日），邀沙元炳、方还、束日瑄、章亮元等，于（南通）中公园适然亭聚饮赋诗，并议商编订《梅欧阁诗录》。……2 月 5 日，（张謇）致函梅兰芳：昨日雪后，如皋沙（元炳）太史来，复集中公园赏雪，订定《梅欧阁诗录》。又有诗。"第 340 页："2 月 17 日，得沙元炳寄还《梅欧阁诗录》修订稿并序。"第 341—342 页：《梅欧阁诗录》"收张謇、张怡祖、沙元炳、梅兰芳、欧阳予倩、金泽荣、黄炎培、束日瑄、吕道象、方还、章亮元、袁克文……诗作 120 余首，翰墨林编译印书局（1920 年）5 月至 7 月间出版。该序一说 2 月—4 月拟。"

《柳西草堂日记》第 873、874 页："（十二月）十二日（1920.2.2），编《梅欧阁诗录》。十三日，雪三寸许。饮健庵、唯一于适然亭。与浣华（梅兰芳）讯，寄所写诗稿……二十八日，小雨。健庵寄《梅欧阁序》来。"

《张謇全集 2·函电上》第 736 页，《致梅兰芳函》（民国九年 1920.2.5）："……昨日雪后，如皋沙太史来，复集中公园赏雪，订定《梅欧阁诗录》，又有诗。沙之诗可与方先生敌，皆老手，足以重弟也……"

方先生，方还，字惟一，晚号蠙庵。江苏新阳（现属昆山）蓬阆人。清末民初教育家、诗人、书法家。

有诗为书画家沈佺作。

《志颐堂诗文集》诗卷十，第 13 页，有诗《为沈期仲观察题其先德执经侍立图，计与期仲别近十年矣》，作于农历 1920 年春节前。

沈佺，字期仲，浙江吴兴人，书法家，清朝末年至民国初年曾任苏州府昭文县令、江苏候补道、江南水利局总办等职。

3 月，应张謇邀请，数次为沈寿治病。

《张謇的交往世界》第 243 页："沙元炳的医术十分高明，堪称一代名医，而张謇每请必到。例如，从 1920 年年初开始，刺绣艺术家沈寿病情恶化，直到五月三日逝世，张謇日记中有很多关于沙元炳应张謇之邀为沈寿诊治的记载。而在张謇临终前，沙元炳也为挽救这位终生知己尽了自己的心力。"

《柳西草堂日记》第 877、878 页："（正月）十六日，雪君病甚。十七日，雨。为雪君延汝权诊，汝权丧子不能来。十八日，电健庵。竟夕不能寐。十九日，雪君病甚，再电健庵。二十日，专轮迓健庵。延杨姓西医诊雪君病，谓险而难治。二十一日，健庵来诊雪君病，谓有可施治。……二十七日，以上六日，雪服健方，日有起色。二十八日，健庵回如皋。"

《张謇年谱长编（民国篇）》第342—343页："1920年3月6日—10日（正月十六至二十），为沈寿延医诊治。8日、9日，二电沙元炳速来通城。11日，专轮接沙元炳抵通，为沈寿诊治。"

《张謇全集2·函电上》第740、741页，《致吴道愔函（二件）》（民国九年 1920.3.11）："（一）沈雪君病肿，恐不能愈，形势甚重。望二三日内理料家事，即来城商酌一切。此人真天下第一可怜、可重之人也。令帐房请周香九，天晴即来。道愔贤内 啬 正月廿一日 （二）雪君病极险，沙健翁来，一药即有转机，大致无碍，可不即来。二月初四春祭。道愔贤内 啬翁 正月廿一日。"

《张謇全集2·函电上》第745页，《致沈寿函》（民国九年 1920.3.29）："昨午后九时，沙健公是否往诊？服药后肿胀如何？均念。健公如何为刘叔敏言？刘能否领解？此殊可念！我意三五日内，如肿胀不减或有他变状，可发电仍请沙健翁来诊，我已另函致健公矣，不必踟蹰。电为拟如后。我昨夜九时抵霍家桥，今午可到扬。雪宧贤弟 如皋沙健公鉴：病困待诊，仍恳惠临。寿叩 张謇 三月廿九日。（据钱佚樵：《张謇与沈寿》）"

二月，有诗安慰冒鹤亭家藏珍贵书籍不幸失火被焚。

《志颐堂诗文集》诗卷十，第15页，有诗《鹤亭榷关镇江家藏书籍尽焚，作诗告愤，依韵寄慰》，作于农历一九二〇年二月初。

《冒鹤亭先生年谱》第216—217页有关于此次失火的记载："（一九二〇）正月，里居失火……顺（治）康（熙）至光（绪）宣（统）十朝名人专集，计有二千数百种……付诸焚如。其他孤本、精本，亦为灰烬……沙健庵作《鹤亭榷关镇江家藏书籍尽焚，作诗志痛，依韵寄慰》。"① 该记录与沙诗题目有"告愤"与"志痛"二字之不同。

春，第二子沙迎病故，年仅17岁。

《志颐堂诗文集》文篇卷中，第20—21页，《沙贞妇传》："子妇顾氏……与予次子迎同生日……迎年十六，游扬州美汉中学校。次年，春假归而病，病十七日而殁。"

《志颐堂诗文集》文篇卷中，第41页，《沙迎妻顾合窆志铭》："迎，如皋沙元炳仲子也……迎生而慧，识字倍书异它儿。年十七，游扬州美汉中学校。夏历三月以事归，甫二旬，疾殁。"

《志颐堂诗文集》文篇卷下，第46页，《异菊赋并序》："庚申暮春，余次子天逝，聘妇顾氏，年并十七，生同月日。"

《志颐堂诗文集》诗卷十，第25页，有诗《迎儿亡匝月矣，聘妇顾久而得耗，誓以死守。劝解百端，竟来持礼。既伤逝者，复感贞姜，悲来无穷，不能自克。吉人赋诗见慰，依韵答谢》，诗作于1920年。

《志颐堂诗文集》诗卷十一，第2页，诗《挽于秋绮女士应其父香谷属》后有注："儿子迎，肄业美汉学校，庚申春随游南通，病于舟次，抵家而殁。"

---

① 冒怀苏：《冒鹤亭先生年谱》，学林出版社，1998。

4月18日，在如皋接待张謇。

《柳西草堂日记》第880页："（一九二〇年二月）三十日，阳四月十八日。（著者注：自东台回南通）至如皋，一诣健庵即行，向晚至通。"

5月，受张謇推荐，拟为梅兰芳夫人治病。

《张謇全集2·函电上》第757—758页，《致梅兰芳函》（民国九年三月十五日　1920.5.3）："闻夫人（梅兰芳夫人王明华）病，极念。沪医市井气重，吾之所鄙，不知服药效否。此间沙君（沙元炳）绩学博通，俞君（俞汝权）临症灵敏，皆一时之杰，但恐体气不能遽来耳，如何？如何？望勿焦急，致损神明。病若能起，来通调整亦善。　浣华贤弟　啬庵　五月三日。"

5月29日，在南通参加大豫盐垦公司股东会议。

《张謇年谱长编（民国篇）》第357页："1920年5月29日（四月十二日），往城南别业，参加大豫盐垦公司股东会议，又选举董事会，沙元炳、周薇阁、徐国安、余诚格、诸宗元当选。……沙元炳……与会。"

11月，撰文祝贺张謇七十大寿。

《志颐堂诗文集》文篇卷下，第33页，有《七劝　祝张退庵七十寿》。

《志颐堂诗文集》诗卷十，第26页，有作于1920年的诗《退庵七十寿，啬庵为筑千龄观于南濠之上，于其生日招素所习年六十以上者八十三人，置酒为寿，为赋此诗》：

啬翁平生业，所志开屯蒙。辛苦扶弱植，寸寸期成龙。

育苗必粪本，春华托冬荣。感怀少年友，齿发俱成翁。
推我华萼谊，衍为桑梓恭。敬兄先其长，一酹分千钟。
峨峨千龄观，规制灵光崇。濠阳一泓水，力返睢洛风。
愿言万桃李，识此凌寒松。燕乐诚细事，新俗须弥缝。
此意足千岁，此观参华嵩。

《志颐堂诗文集》诗卷十，第26—27页，有作于1920年的诗《啬翁招饮千龄观，程郎艳秋在焉。翁命赋诗，因步千龄观酬词韵作秋郎曲以赠》：

连朝庆老赋菜台，品曲征诗宴又开。
过眼不愁秋事尽，阿梅真送小春来。

刷翎雏凤试初鸣，忍冻危听不计更。
描尽沉香亭畔态，道环虽瘦亦倾城。

幽并曲调洗苏辛，艺却惊人色可亲。
商略秋花谁比艳，露芙蓉是镜中真。

一观千龄今古空，往来疑与碧虚通。
人间福慧占双绝，十九仙郎九十翁。

隔岁师门说报刘，麻姑酒罢旋东游。
归来割取麒麟脯，更遣朱颜进白头。

老凭歌舞慰余年，怊怅尊前是别筵。
欲剪秋郎好眉黛，和云留着紫琅颠。

啬翁诗思托西方，异日逢君定菊觞。
岁岁有秋秋有寿，相期潮信比秋长。

听水听风果有无，夔轩难觅且欢虞。
劝翁添筑延秋阁，并与梅欧列画图。

诗后有注：秋郎初演《贵妃醉酒》一出。秋郎为畹华弟子，奉师命为退翁祝嘏。

"程郎艳秋"即程砚秋，京剧程派艺术的创始人，京剧"四大名旦"之一。

民国十年（1921），辛酉，58 岁

1月、6月，数次为沈寿治病，疗效很好；但终因沈寿病情太重，没能最终救治沈寿。为此，极度自责。

《柳西草堂日记》第 892 页："（一九二〇年十一月）二十六日（1921 年 1 月 4 日），雪君复感痰病，自午后一时至六时甚剧。……二十九日（1921 年 1 月 7 日），专轮延健庵为雪君治病，服羚羊、桂枝经方加减而平。健庵于医学诣殊有得，雪剧病三次，皆至可虑，皆健庵应手而平也。"

《柳西草堂日记》第 893 页："（一九二〇年十二月）初十日（1921 年 1 月 18 日），雪病大剧，卜不吉，亟专轮延健庵。"

《柳西草堂日记》第 901 页："（一九二一年四月）二十七日（1921 年 6 月 3 日），雪宦因胀，饮食大减。……二十九（6 月 5 日）……健庵诊雪宦脉，谓脉无危象，腹水易放。夏医谓放且复涨，且病人惧痛不愿放，须商。"

《张謇全集 4·论说、演说》第 482—483 页，《追悼女工传习所余沈所长演说》："女士（沈寿）此五年内大病三次，第一次俞君汝权治愈，第二次沙君健庵治愈。俞、沙二君均谓其病源甚深……"

《志颐堂诗文集》诗卷十，第 36 页，有作于 1921 年的诗《书雪宦绣谱后兼以志悼》：

往观雪宦绣，墨墨不敢称。

古来百艺呼神呼圣亦尝有，试叩神圣何功能。

工者不自述，赞者无由名。

胪传皮傅空，随声允矣张季子，知不得赞由不明。

赞且不可得，况欲人人心指如其灵。

至巧使针如使笔，针不自达仗笔形。

要令天下女子手，极妙肖处天能争。

惜哉谱成不竟授，身殉针死针不生。

我今观此谱，虽欲赞叹君得听。

呜呼，九针法在不能使，嗟我枉读《灵枢经》。

《灵枢经》又称《灵枢》《针经》《九针》，中医学理论体系形成和奠基之作，是现存最早的中医理论著作，约成书于东周战国时期。共九卷，八十一篇，与《素问》合称《黄帝内经》，在针灸学上有着绝对权威。南宋史崧将其改编为二十四卷本，成为现存最早和唯一行世的《灵枢》版本。

2月20日，与张謇会晤于如皋。

《柳西草堂日记》第896页："（正月）十三日（2月20日），（著者注：张謇经扬州、高邮、邵伯等地，）怡儿令'掣电'来接，三时行，抵如皋未二时也。登岸视劲吾、健庵、刘知事，即在县廨晚餐。餐毕行，又一夜。"（著者注：与陈维彦、沙元炳及刘式撰晤谈，并于县署晚餐。）

3月，与张謇共同请求江苏省王瑚省长安排好如皋的师范学校的办学经费。

《张謇全集3·函电下》第868页，《致王瑚函》（民国十年1921.3.7）："铁珊省长大鉴：项如皋沙绅健庵来，语及教育经费，谓据教育厅中人云，如皋师范十年度预算，由厅编入总册转呈省长核示遵行等情。教育程度，如县亦在优等之列。师范为教育之母，既经议会议作代用（著者注：江苏省第二代用师范学校),应在省预算项下与他县一列。如之所持而请者在此。沙绅知预算总册已呈尊处,属更为言,希望早定。通、如教育有相关相维之处,义不可默。希赐准编入总册交议,不胜感企。敬请大安。"(据《张謇信稿》)

《如师校史》第 20 页:"1921 年(江苏省)教育厅颁布训令,决定(如皋县立)师范改变体制,由县立改为代用,更名为'江苏省第二代用师范学校'。代用者即由省、县各拨款 50%。"

王瑚(1864—1933),河北定县人。光绪进士,清末曾任知县、知府等。民国成立后历任湖南民政长、肃政厅肃政使、京兆尹、江苏省省长、山东省省长,参加北伐。1926 年后任黄河水利委员会副委员长、辅仁大学国文系教授等。1933 年病逝。

春,推动如皋县成立清丈局,任局长直至病逝。

《如皋县文史资料选辑 2》第 38—39 页,袁采之《如皋县清丈局之情况》:清丈局成立于 1921 年春……经费来源,由邑人沙元炳、陈其嘉……报请江苏省公署核准,在如皋县征收田赋时,每亩带征二分清丈经费……局长沙元炳……至 1926 年冬(公历 1927 年 1 月),清丈局局长沙元炳病故……

4 月,支持张謇集资订中药在南通开展医药研制,推进南通近代医学发展。

《张謇全集 4·论说、演说》第 479 页,《拟集资订中药经征求同意书》(民国十年 1921.4):"南通设医校有年矣,意在沟通中西,而效未大著,思之思之,乃计先通药学。药通然后可以求医之通。犹汽车、电车,药犹轨与道也。蓄此意久矣,偶举以告山西阎督军,得其同意,以语研精医学之沙君健庵,复得其同意，意用益坚，气用益壮。"

5月，在南通参加大豫盐垦公司董事会、大生一厂股东会。

《张謇年谱长编（民国篇）》第413页："1921年5月19日（四月十二日），嘱张詧于城南别业举行大豫盐垦公司董事会议，议商'先发行公司债票，以偿外债'事……沙元炳……与会。同日，往城南别业，参加大豫盐垦公司股东会议……沙元炳……与会。"

《张謇年谱长编（民国篇）》第414页："1921年5月24日（四月十七日），往城南别业，参加大生一厂股东会议，报告上半年'获利优厚'情形，并嘱沙元炳宣布董事会决议。"

好友陈其嘉60岁，赵日昌、潘桂龄50岁。6月24日（五月十九日）召集好友齐聚志颐堂祝寿。

《志颐堂诗文集》诗卷十，第36—37页，有诗《君楳年六十、学周、鹤青年五十。五月十九日招同社置酒志颐堂为寿，作三寿歌》：

> 君楳生以梅自呼，结子虽盛力有余。
> 饕冰虐雪时排除，老气犹压桑与榆。
> 学周骨立童其颅，心实妩媚貌则癯。
> 黄山松子移海隅，肯与小草争赢输。
> 鹤青与竹相依于，头长腰健心体虚。
> 醉来一笑身天如，风颠雨懒随所趋。
> 博劳声息云盖庐，怪哉见此三友图。
> 长夏赴冰仍故吾，愿君各保凌寒躯。

赵日昌，字学周，休宁人，住如皋城。

在如皋接待教育家、诗人、书法家方还。

《志颐堂诗文集》诗卷十，第 38 页，有作于 1921 年的诗《喜方唯一见过即送之南通》，首二句是"梅雨连江横，别子南通壕。浃旬雨未歇，子复临东皋"。由此可知，方还应该于该年的 6 月、7 月间来到如皋。

7 月 1 日，参与签订《通泰盐垦五公司债票合同》。

《张謇全集 5·章程、规约、告启、说略、帐略》第 209—211 页，《通泰盐垦五公司债票合同》（民国十年 1921.7.1）：

"立合同通泰盐垦（大有晋、大豫、大赉、大丰、华成）五公司（以下称甲方）；经募通泰盐垦五公司债票银团（以下称乙方）

今因甲方需要资金，经股东会议决，发行公司债票定名通泰盐垦五公司债票由乙方担任发售。双方订立合同……草堰大丰公司全体董事代表张作三；余中大有晋公司全体董事代表徐静仁；通泰盐垦掘港大豫公司全体董事代表沙健庵；角富大赉公司全体董事代表周寀丞；庙湾华成公司全体董事代表韩奉持；草堰大丰公司、余中大有晋公司、通泰盐垦掘港大豫公司、角富大赉公司、庙湾华成公司总理张退庵、张啬庵；经募通泰盐垦五公司公司债票银团代表宋汉章、田祈原　中华民国十年七月一日。"

7 月 1 日至 6 日，在南通与张謇会晤，有往来唱和诗作多首。

《柳西草堂日记》第 902—903 页："（一九二一年五月）二十六日阳 7 月 1 日，置酒答客。与健庵与众堂观雨。"张謇赋诗两首：

（一）观雨与众堂

客散雨来粗，惊风霅满湖。九天何玉女，万颗撒丰珠。
化水惟增涨，还空已到涂。轻雷刚与送，烟树尚模糊。

（二）与健庵坐与众堂观雨，健庵诗先成，因和

   一晴九雨雨师工，进止宾归早暮中。
   涨满远浮灯过岸，波跳直引水连空。
   汀凫自畅蒲荷浴，桁燕微迎薜荔风。
   英绝故人还有几，得偕清话莫匆匆。

《柳西草堂日记》第903页："（五月）二十七日，与健庵泛淮安新舟，刘烈卿（刘焕）偕，有笛工吹笛，烈卿唱《拾画》，为之戚然。"

《志颐堂诗文集》诗卷十，第35—36页，有沙元炳作于1921年的诗：《中公园宴罢，啬庵召赴与众堂小憩，冻雨适至，赋诗呈啬庵》：

   酒半云山傍席生，主人别院趣车迎。
   品文坐识万年异，阅世堂高二老名。
   前湖忽作釜鬻沸，满屋齐飞琴筑声。
   政藉增川祝眉寿，小诗还为雨催成。

著者按：该诗后附有张謇诗《观雨与众堂》：客散雨来粗，惊风骤满湖。九天谁玉女，万颗撒灵珠。化水惟增涨，还空已到涂。轻雷刚与送，烟树尚模糊。所附张謇诗与《柳西草堂日记》所记内容有区别。

关于此次活动，《志颐堂诗文集》诗卷十，第35—36页，还有沙元炳与张謇相互应答酬谢唱和的诗作。

沙元炳作于1921年的诗《雨霁，舟泊濠阳观涨，用前韵，要啬翁同作》：

　　　　　日数矶痕落复生，静窥窗色雨还晴。
　　　　　插波灯斗将连影，隔岸市吞向夜声。
　　　　　坐觉川原随物换，若论图画岂天成。
　　　　　狼颠准践来朝约，伫看江光着面迎。
　　诗后附张謇诗《与健庵坐与众堂观雨，健庵诗先成，因和》（写于1921. 7. 1)：
　　　　　九晴一雨雨师工，进止宾归早暮中。
　　　　　涨满远浮灯过岸，波跳直引水连空。
　　　　　汀凫自畅蒲荷浴，桁燕微迎薜荔风。
　　　　　英绝故人还有几，得偕清话莫匆匆。
　　所附张謇诗与《张謇全集》所记内容有一句区别：一晴九雨雨师工。
　　《张謇全集7·诗词、联语》第258页还有张謇诗《与健庵、烈卿泛舟濠上，烈卿度曲并和观雨诗，因引李委与东坡事索诗，为酬》（民国十年六月初二日　1921. 7. 6)：
　　　　　雨霁濠平日渐晡，扁舟邀笛听吴歙。
　　　　　岸人要识匆匆客，能赋能铭旧大夫。

　　　　　不官何处不宜家，况肯新篇躐大沙。
　　　　　他日牵舟山下遁，更邀西崦看梅花。
　　而沙元炳离开南通后又作诗《别啬庵》，记录在《志颐堂诗文集》诗卷十，第36页，诗为：
　　　　　为餐淮饺泛淮舟，更侑清歌劝少留。
　　　　　归意正如溪水急，又随残照系南楼。
　　七月，作《如皋高氏族谱序》。
　　《志颐堂诗文集》文篇卷上，第22—23页有《如皋高氏族谱序》，文中未见作序时间，但在如皋高氏家谱中，该文文末有：

"民国十年岁次辛酉秋月　邑人沙元炳谨序。"

10月9日（九月九日），到如东掘港、丰利等地视察水灾情况。

《志颐堂诗文集》文篇卷下，第12页，《潘保之夫妇八十双寿序》："岁辛酉秋，予视灾至丰利。"

《志颐堂诗文集》诗卷十，第41—42页，有诗《重九日吉人、泽人赴南通舟中赋诗为乐，吉人由通去上海，余亦偕泽人去掘港》《十四日至丰利，喜质庵适自都门归，即次其九日出都韵。余亦以是日出门也》《丹仲邀登三层塔即步其韵》《登丰利三层塔》，均作于1921年。

创办裕如钱庄。

《东皋话旧》第35—46页《沙元炳对如皋的贡献》："民国十年（1921）左右，沙元炳在其住宅南侧创设裕如钱庄，资金约12000银圆，其中投资数千元，大部分是县水利会和清丈局的暂存公款，聘安徽祁门人谢子惠为经理，本省江都人丁西源为副经理兼会计。店员10多人，办理存款、放款、汇划和代收田赋。民国十六年，军阀孙传芳的残兵败将经过如皋，勒索军饷数万元，县知事周焘七拼八凑，将水利会、清丈局余款全数托出，裕如由此周转不灵。"

民国十一年（1922），壬戌，59 岁

4 月、5 月，在南通参加大豫、大纲、大生等公司董事会、联席会。

《张謇年谱长编（民国篇）》第 480 页："1922 年 4 月 28 日（四月初二），往城南别业，参加大有晋、大豫、大赉、大丰、华成、大纲六公司董事会联席会议……沙元炳……与会。"

《张謇年谱长编（民国篇）》第 482 页："1922 年 5 月 1—3 日（四月初五至初七日），往城南别业，分别参加大豫盐垦公司董事会议、股东会议以及新董事会议，议商筹还债务事……张詧、沙元炳……与会。"第 483 页："1922 年 5 月 9—11 日（四月十三至十五日），往城南别业，分别参加大纲盐垦公司董事会议、股东会议以及新董事会议，议商筹还债务事。又，嘱股东会议选举新董事会……沙元炳……担任。"第 483—484 页："1922 年 5 月 12 日（四月十六日），于三余镇，参加大豫、大赉、大有晋、华成、大丰、大纲六公司于大有晋盐垦公司举行的董事会联席会议，并往视察大豫盐垦公司……沙元炳……与会。"第 485 页："1922 年 5 月 15—16 日（四月十九至二十日），往城南别业，参加大生各厂及各盐垦公司董事会联合会议……沙元炳……与会。"

6 月，集句题联，祝贺江苏省立第七中学校园落成。

《张謇年谱长编（民国篇）》第 489 页："1922 年 6 月 10 日（五月十五日），撰书楹联四副，制成横匾、板联，悬挂于省立第七中学校园各景点，以贺校园落成。一说五副。另有张詧、韩国

钧、郑孝胥、沙元炳、金泽荣等撰书楹联。"

《全国报刊索引》资料《江苏省立南通中学校刊·二十五年纪念专号》（1934 年出版）上载有《校园楹联》："题鉴止亭：游于方之外，宛在水中央。（沙元炳集，张謇书）……题存雅斋：好声相和志彼不舍，曲调将半渐近自然。（沙元炳集句，张謇书）……题斗南庼：今日真使人有伊洛间意，清风谡至自谓羲皇上人。（沙元炳集句，张謇书）……"

江苏省立第七中学校即通海五属公立中学，现为南通中学，民国十一年建成享誉大江南北的园林式校园，有存雅斋、鉴止亭、斗南庼等景点。1922 年 6 月 18 日，学校召开校园落成庆祝大会，同时展现办学成果，文士名流纷纷题联祝贺，盛况空前，传为佳话。

6月，撰文祝贺张謇七十大寿。

《志颐堂诗文集》文篇卷下，第 9 页有《张啬翁七十寿序》。

七月，与江苏省省长韩国钧通信，商讨创办阜昌纺织公司。

《韩国钧研讨文集》第 332—335 页，夏俊山《韩国钧与沙元炳》一文有录。①

韩国钧（1857—1942），字紫石，亦字止石，晚号止叟，江苏海安人。清光绪举人，先后任知县、直隶省矿务局总办、吉林民政司使等。中华民国时于 1913 年任江苏民政长，1917 年任安徽巡按使，1922 年任江苏省省长。抗战期间呼吁国共合作，制止反共摩擦，支持新四军东进，拒绝出任伪江苏省省长。陈毅曾表彰其崇高的民族气节和爱国主义精神。

---

① 海安市委史志工作委员会：《韩国钧研讨文集》，中国文史出版社，2023。

9月，与张謇、张詧共同致函吴兆曾，商讨在上海筹股，准备扩营广生油厂。

《张謇年谱长编（民国篇）》第 508 页："1922 年 9 月—12 月（七月中旬至十一月上旬）偕张詧、沙元炳致函吴兆曾。"

《张謇全集 3·函电下》第 1136 页，《与张詧沙元炳致吴季诚函》（民国十一年　1922）："寄尘仁兄足下：友仁回通，晤悉一切。广生现为预备秋季扩张营业起见，集议须宽筹调款，方免竭蹶。惟此间银根仍紧，恐不易从事，自以就沪设法为宜。故备公函，驰告左右，务希关顾，代为留意。如有门径，即请及早接洽。银额约定十万两，期归三年，否或二年亦可。息照大市，即以全厂地基、房屋及机器等不动产备抵。詧等当公同担保，负完全之责，幸力图之。为祷，为感！　顺颂　公安　张詧、张謇、沙元炳同启（据南通市档案馆藏件）。"

吴兆曾（1873—1935），字缙云，号寄尘，别号味秋，江苏镇江人。民国元年，经他舅父林兰荪推荐，到张謇开设的大生纱厂驻沪事务所主持其事，前后 20 余年。他善书法、诗文。嗜书成癖，在上海润安里味秋轩藏书万卷。

10 月 1 日（八月十一日），长女沙珠病逝。

《志颐堂诗文集》文篇卷下，第 27—29 页，《祝氏女哀辞》："女名珠、字辉淑，元室沈夫人出也……字祝生光樾。光樾故县中学校弟子……年二十七归祝氏……乃于壬戌夏历八月十一日，竟以痾殁，年才四十。"沙珠应该出生于 1883 年。

九月，有诗慨叹清代四大文字狱之一"一柱楼诗案"。

《志颐堂诗文集》诗卷十一，第 11—12 页有作于 1922 年的诗《戏题一柱楼外集》：

诗案眉山万古流，无人垂涕说新州。
翻因一狱腾千口，掌大枒茶一柱楼。

卅篇吟就菊斑斑，记否柴桑是晋顽。
地下髫巾无觅处，可怜辛苦学遗山。

覆族惟缘一第无，难从戴吕较贤愚。
唾天自唾何时悔，把臂千秋蔡笠夫。

该案于乾隆四十三年（1778）发生。清代大兴文字狱，知识分子因文字得祸者比比皆是。徐述夔"一柱楼诗案"是清代四大文字狱之一。徐述夔，江苏东台县枒茶场（现江苏如东县枒茶镇）人，乾隆三年（1738）戊午科江南乡试举人。有诗集《一柱楼诗》，因诗中体现了忧国忧民、反清复明的思想而激怒乾隆，株连之人甚多。

11月，任通崇海泰商务总会特别会董。

《张謇年谱长编（民国篇）》第516页："1922年11月下旬（十月上旬）偕沙元炳、习艮枢、孙儆、梁登仕、薛蘅、于振声、徐乃昌、吴兆曾等任通崇海泰商务总会特别会董。"

购得一碾坊，改名"鼎丰碾坊"，代客加工碾米，并自购稻谷碾米出售。

《东皋话旧》第35—46页《沙元炳对如皋的贡献》："清朝初年有安徽休宁孙姓在如皋城内丰乐桥西开设典当和碾坊，至清末时已衰落。典当让给同乡吴姓，改名'万鸿'。碾坊于民国十一年（1922）售给沙元炳，改名'鼎丰'。聘鲍怡轩为经理，有职员6人，工人4人，养骡子20多头，有碾座3台，代客加工碾米，并自购稻谷碾米出售。民国二十二年停业。"

被推举为如皋中医医学公会名誉会长。

《如皋文史资料》(第三辑),第5页,沙彦高《沙元炳先生事略》:"1922年,沙元炳被推举为如皋中医医学公会名誉会长。"

《东皋话旧》第35—46页《沙元炳对如皋的贡献》:"沙元炳于民国十一年(1922)被如皋中医医学公会推选为名誉会长。"

先后撰《三题宋本〈韦苏州集〉后》《明弘治本〈韦苏州集〉跋》,对《韦苏州集》还有其他题跋,可见沙对韦应物的诗情有独钟。

《志颐堂诗文集》文篇卷上,第35—39页,有:

《书宋刊〈韦苏州集〉后》,未注创作时间。

《再题宋本〈韦苏州集〉后》,作于1914年,文末有"甲寅七月二十八日,元炳又记。"

《志颐堂诗文集》题跋文上,第3—6页,有:

《宋本〈韦苏州集〉跋》,未注创作时间。

《再题宋本〈韦苏州集〉后》,未注创作时间。

《三题宋本〈韦苏州集〉后》,作于1922年,文末有"壬戌闰夏二十七日记。"

《志颐堂诗文集》题跋文下,第35—36页,有:

《明弘治本〈韦苏州集〉跋》,作于1922年,文中有"壬戌冬月,沪估持宏(著者注:当作'弘')治丙辰刘玘刻《韦苏州集》来售,以予所藏宋本校之,行字均同"。

韦应物(生卒年不详),字义博,京兆杜陵(今陕西省西安市)人。唐朝官员、山水田园派诗人,世称"韦苏州""韦左司""韦江州",曾任栎阳县令、江州刺史、检校左司郎中、苏州刺史等,约于791年初在苏州去世。

民国十二年（1923），癸亥，60岁

3月，在苏社第四届大会上，被推举为理事。

《张謇年谱长编（民国篇）》第533页："1923年3月13日—16日（正月二十六日至二十九日），于苏社在苏州留园举行的第四届大会上，被推为理事，另有……沙元炳……为理事。"

苏社：民国初期军阀割据之时，国人对政府、国会等机构的工作越发失望，以张謇等人为核心的江苏省精英产生地方意识，本着"专谋地方自治"的宗旨成立了苏社，为的是进一步发展实业、教育、水利、交通为主的自治事业。

4月4日（二月十九日），第二子沙迎的未婚妻顾兰珍去世。作传记表彰顾兰珍。

张謇、沙元炳分别为顾兰珍作一篇《沙贞妇传》。

《张謇全集6·艺文杂著》第574页，《沙贞妇传》（民国十二年 1923）："贞妇名兰珍，字韵秋，如皋顾氏，字同县沙迎。迎，吾友健庵之仲子也。迎死匝月，廉知之，归守殡宫，奠祭如礼，至事舅姑如父母。其卒也年二十，后迎三十六月，岁直癸亥（一九二三年）二月十九日也。赞曰：世何昏而靡也，瞥然有此女子，折齿明志以守也。是曰贞妇，懿其贞也。死者形也，不死名也，宁惟女子之型也。而世之女子，其睹乎此，其毋憪如而心死也。"

《志颐堂诗文集》文篇卷中，第20—22页，《沙贞妇传》："子妇顾氏……与予次子迎同生日……妇名兰珍，字韵秋。其死也年二十，后其夫三十六月。沙元炳曰：妇之殉也，吾家无尊卑

长幼,咸哭尽哀。吾独度其志,死固不必至今日也,苟偿其志,死又何悲焉?顾以濡忍苟活之身,并世而见,此女子又幸出于吾家,吾安忍以殇遇之?故最其概略,以谂眷怀世道之君子。"

《志颐堂诗文集》文篇卷中,第41页,《沙迎妻顾合窆志铭》:"迎,如皋沙元炳仲子也……予友顾蓉镜有女曰兰珍,与迎同日生,遂字焉。迎生而慧,识字倍书异它儿。年十七,游扬州美汉中学校。夏历三月以事归,甫二旬,疾殁。兰珍初未闻,已而廉知之,痛奋折齿,誓从死。予哀其志,命归守。比归,而死志终弗渝。越三年竟死。"

4月、6月,参加大生董事会联合会、大豫盐垦公司股东会。

《张謇年谱长编(民国篇)》第538页:"1923年4月25日(三月初十),参加大生一、二厂董事会联合会议……沙元炳……与会。"

《张謇年谱长编(民国篇)》第538—539页:"1923年4月27日(三月十二日),参加大豫盐垦公司股东会议……沙元炳……与会。"

《张謇年谱长编(民国篇)》第548页:"1923年6月9日(四月二十五日),往交通银行,分别参加大生一、二、三厂董事会议,后参加联合会议……沙元炳……分别与会。"

六月,为《冒得庵、嵩少两先生年谱》作序。

《志颐堂诗文集》文篇卷上,第14—15页,《冒得庵、嵩少两先生年谱序》,文末有"癸亥六月同县沙元炳序"。

冒鸾(1465—1465),字廷和,号复斋,晚号得庵,江苏如皋人。如皋冒氏六祖,冒政族侄。明弘治六年进士,授南京刑部主事,改兵部武库主事,升郎中,升福建布政司左参议,分巡建宁。明正德五年辞官归隐。著有《得庵集》《梦椿轩集》等。

冒起宗（1590—1654），字宗起，号嵩少，江苏如皋人。如皋冒氏。明崇祯元年进士。曾任山东按察司副使，督理七省漕储道。效法包拯，刚直廉洁，居官数十年，行贿请托无人敢入。入清不复仕，与长子冒襄（冒辟疆）并以气节、文章闻名于世。

七月，应江苏省省长韩国钧所请，为韩国钧夫人王氏作哀赞。

《志颐堂诗文集》文篇卷下，第26—27页，《韩王夫人哀赞》："今省长韩先生夫人王氏，卒。先生贻书元炳曰：'夏历七月二十八日，吾妇殁矣。妇归时，吾贫甚，以衣食幕游四方，凡吾所尽于家者，惟吾妇是恃甚。典其御饰助吾，而不吾知。得晏然终岁以游，使吾有家如无家，盖十余年犹一日。逮吾以县令起家，由汴而粤、而奉、而吉、而皖，吾妇靡不从。禄足以自赡矣，而吾妇所尽于家者，一如吾幕游时。有余则以备族党之缓急，而未尝求慊其意之所欲。视吾已仕如未仕，盖三十年犹一日。吾奉令长苏，吾妇方病风痱，意怏怏不欲出。吾妇亦以为，观于世与年，其必毋出。而吾以迫故，竟出稍间，复就吾江宁，今乃至此。吾自维衰老不获休，又不幸而失吾助，意不能无戚也。子其为赞，以淡吾之悲。'予家距先生四十里而遥，稍稍闻其内行，以先生宦游久，未能详也。然予获交于先生，亦有年矣。信先生之言之挚，因最其辞，而哀以赞。赞曰：

　　古称妇贤，载夫为天，今也不然，坤元乘乾。
　　妇德曷淑，以贞徯福，朝叹暮嘻，虽亨亦辱。
　　猗欤夫人，太原之宗，作配于韩，始约终丰。
　　处约而乐，处丰犹约，胡约胡丰，百顺是若。
　　夫子世英，政流南北，清问昭宣，赖辅而翼。

夫曰吾妇，良佐之资，我谓江淮，凡母当师。
女教久弛，匪夷匪华，嗟嗟夫人，宁吊厥家。
辞以抒哀，载以素竹，上慰其君，下厉赜俗。"

韩国钧夫人王氏（王序新）1923年辞世。《世纪》1994年第2期第61页王孝椿的《妹代姊嫁韩国钧》以及《韩国钧研讨文集》第380页有相关记录。

10月19日（九月初十），六十大寿。张謇等人前来祝贺并作《沙健庵六十生日序》。

《柳西草堂日记》第941、942页："八月十四日……作寿沙健庵六十生日文。八月十五日……寿健庵文成……九月九日（阳10月18日），与烈卿、辅之、保之（刘焕、唐慎培、潘荫东）去如皋，寿沙健庵六十生日。十日，在如皋，午后二时回，夜九时至小筑。有题画诗。十一日，有至如皋诗，七古二。"

《张謇全集8·啬翁自订年谱》第1046页："九月……往如皋寿沙健庵六十，有诗。"

《张謇全集7·诗词、联语》第311页录有张謇诗二首：

（一）重九日与烈卿、辅之、保之同至如皋，寿健庵六十生日（民国十二年九月十一日 1923.10.20）：

重九登高要着屐，今破常例同放舟。
晓霜染树绛两岸，风叶随客如皋游。
如皋深衣考居士，星星鬓雪绕频周。
研经撑史及释典，欲被世界无量忧。
兵气未涤人未休，那得藕孔修罗囚。
孔圣既无言，佛亦不能笑，安心静观万物窍。
人生六十七十只须臾，过去野原几燔燎。
今年原草明年生，不胜燔燎治乱更。

我辈且须清盏倒，人家自有黄花明。

我欲撷黄花，远为居士寿。簪发发茎短，插帽帽檐瘦。
仰观白日犹团团，尔我反复随风澜。
人世已非一朝暮，鼠虫无赖殊臂肝。
但得万方各安堵，父老尧禹俱常观。
居士一经看弥陀，问佛何自世有魔。
魔降用杵杵维何，我语不诞或不呵。
年来我眼阅世熟，人人如蚕丝自缚。
果能成茧大如瓮，衣被天下蚕亦足。
不知君意复何如，快谈请俟南山庐。

（二）喜健庵以素食饷客，赋奉一诗（民国十二年九月十一日 1923.10.20）：

特杀士所戒，延生未可残。曾尊五簋素，藉报众宾安。
得此同孤抱，欣然饱两餐。聊将耆翁耆，与子健盘桓。

《张謇全集6·艺文杂著》第555—557页，《沙健庵六十生日序》（民国十二年八月十五日 1923.9.25）："往岁余年七十，友好属沙君为文以馈，君引余平时话言，搜寮发微，反复尽致，洞洞乎，缅缅乎，有湛深切于人事之思，无荒唐附会他氏杳渺之论，余以为至言，微君莫能道也。今君年亦六十矣，友好复以馈君之文属余，且闻君之里人，以君不欲为世俗称寿，醵金延浙名僧，讲无量寿经以祝厘，意不仅使人知夸虚谄曲之不足尚，而返求清净庄严悦豫之本来，以广君寿，可谓至善……"

《张謇全集7·诗词、联语》第476页，《寿沙健庵六十》（民国十二年八月 1923.9—10）"花甲刚周，对客问年书亥字；鞠秋未暮，觞君欢饮驻春颜。"

12月10日,在南通与张謇参加唐慎培举办的宴会。

《张謇年谱长编(民国篇)》第583—584页:"1923年12月10日(十一月初三)偕沙元炳、刘焕等参加唐慎培于(南通)'苏来舫'所设宴会。"

《柳西草堂日记》第944页:"(一九二三年十一月)三日,辅之约同健庵、烈卿饮于'苏来舫'。有调陈翁诗。"

唐慎培,字辅之,曾任南通商埠警察局局长。

撰《募修如皋城隍庙后楼缘起》。

《志颐堂诗文集》文篇卷上,第44页,《募修如皋城隍庙后楼缘起》:"民国十一年四月,县城隍庙后楼灾。越一年,司祝诸道士谋诸县人,将重葺而新之,征言于元炳。"

民国十三年（1924），甲子，61 岁

3月1日，在南通参加张謇举办的消寒会。

《张謇年谱长编（民国篇）》第 600 页："1924 年 3 月 1 日（正月二十六日）于博物苑谦亭味雪斋主持消寒第七会，邀沙元炳等与会。"

《柳西草堂日记》第 949 页："（一九二四年正月二十六日　3月1日，）味雪斋为消寒七集，兼邀健翁。"

古时文人雅士在冬至后轮流做东，相约聚会，饮酒赋诗，写字作画，雅集娱乐，称为"消寒会"。

3月中旬，任通崇海泰商务总会特别会董。

《张謇年谱长编（民国篇）》第 602 页："1924 年 3 月中旬（二月中旬），偕沙元炳、于振声、张怡祖、孙儆、习艮枢、薛蘅、施征睿等，任通崇海泰商务总会特别会董。"

4月30日，在南通为罗玉衡等人诊视病情。

《柳西草堂日记》第 952 页："三月二十七日，阳 4 月 30 日。适然亭宴客。属健庵于小筑（著者注：濠阳小筑）诊视罗、陈二生。罗生赠白燕二。"

《张謇年谱长编（民国篇）》第 608 页："1924 年 4 月 30 日（三月二十七日），于中公园适然亭宴客。同日，嘱沙元炳往濠阳小筑，为罗玉衡、陈婧、陈嫦治病。"

"罗"指罗玉衡，南通近代女教育家，张謇和范姚蕴素的门生。曾留学日本，南通地区最早的女留学生之一。曾任南通女子

师范学校校长。

4月、5月，参加广生油厂股东会、大达公司股东会、大豫盐垦公司股东会与董事会、大丰盐垦公司董事会议与股东会。

《张謇年谱长编（民国篇）》第 607 页："1924 年 4 月 29 日（三月二十六日），往唐家闸，参加广生油厂股东会议……沙元炳等与会。"第 608 页："5 月 1 日（三月二十八日），往唐家闸，参加大达内河小轮公司股东会议……张詧、沙元炳、秦亮夫等与会。"第 611 页："1924 年 5 月 27 日—28 日（四月二十四日至二十五日），往城南别业，连续参加大豫盐垦公司股东会议……又选举董事会，偕张詧、江导岷、沙元炳、江干卿、刘焕、于振声、袁国钧等当选。……沙元炳……与会。一说 24 日。"第 611—612 页："1924 年 5 月 30 日（四月二十七日），往城南别业，分别参加大丰盐垦公司董事会议与股东会议……沙元炳……与会。同日，往城南别业，参加大豫盐垦公司董事会议……沙元炳……与会。一说 23 日。"

5月，参加南通、如皋之间的省道（公路）通车仪式。

《柳西草堂日记》第 952 页："（四月）十三日，由村庐去如皋，预省道通车礼。"

《张謇年谱长编（民国篇）》第 609 页："5 月 16 日（四月十三日），偕张詧、瞿鸿宾、唐慎培、张怡祖等，乘汽车往如皋，参加通、如省道通车仪式。周焘、沙元炳等于白蒲迎接，'沿途树立彩牌及放爆竹者甚多'。"

11月 20 日（十月二十四日），将第二子沙迎与其未婚妻顾兰珍合葬于如皋县东南林梓镇。

《志颐堂诗文集》文篇卷中，第 41 页，《沙迎妻顾合窆志铭》:"迎,如皋沙元炳仲子也……兰珍,与迎同日生,遂字焉。迎……疾殇(著者注:1920年春病逝)。兰珍……越三年竟死(著者注:一九二三年二月去世)。又明年,夏历十月二十四日,为合窆于吾父潜惠先生兆域(著者注:墓地,在如皋县东南林梓镇)之河西"。

为南通近代语言学家孙锦标(字伯龙)的著作《自怡轩杂著》作序。

《志颐堂诗文集》文篇卷上,第26页,《自怡轩杂著序》:"南通孙子伯龙……岁甲子,寄所为说经论史与夫词赋骈偶之文,统题曰:《自怡轩杂著(上下篇)》,属为序。"

民国十四年（1925），乙丑，62 岁

4月1日，任通崇海泰商务总会特别会董，就职。

《张謇年谱长编（民国篇）》第 646 页："1925 年 4 月 1 日（三月初九），偕沙元炳、于振声、孙儆、张怡祖、习艮枢、薛蘅等任通崇海泰商务总会特别会董……会董、会长等一律'于今日到会就职'。"

6月，在南通多次参加大豫盐垦公司董事会、股东会议。6月5日，被推举为大豫盐垦公司领袖董事。

《张謇年谱长编（民国篇）》第 652 页："1925 年 6 月 2 日（闰四月十二日），参加大豫盐垦公司董事会议……沙元炳……与会。同日，往城南别业，参加大豫盐垦公司股东会议……沙元炳……与会。"第 653 页："1925 年 6 月 4 日（闰四月十四日），参加大豫盐垦公司新董事会议……沙元炳……与会。"第 654 页："1925 年 6 月 5 日（闰四月十五日），参加大豫盐垦公司董事会议，'如管理处撤消，事无统系，常务董事难以负责。公推沙健庵先生为领袖董事，主持一切'……沙元炳……与会。"第 654 页："1925 年 6 月 6 日（闰四月十六日），参加大豫盐垦公司董事会议，并嘱江导岷与会，议商'沙董事请辞领袖董事'事……沙元炳……与会。"

被推举为如皋医学研究社社长。

《东皋话旧》第 35—46 页《沙元炳对如皋的贡献》："沙元炳于民国十一年（1922）被如皋中医医学公会推选为名誉会长。民国十四年（1925）又被推举为如皋医学研究社社长。"

民国十五年（1926），丙寅，63 岁

1 月、7 月，在南通参加大豫盐垦公司新董事会议。

《张謇年谱长编（民国篇）》第 682 页："1926 年 1 月 7 日（十一月二十三日），参加大豫盐垦公司董事会议……沙元炳……与会。"第 700 页："1926 年 7 月 6 日（五月二十七日），往南通实业事务所，参加大豫盐垦公司董事会议……沙元炳……与会。"

8 月 17 日，在南通为张謇治病。

《张謇年谱长编（民国篇）》第 705 页："1926 年 8 月 16 日（七月初九），（张謇）延沙元炳治疗。……8 月 17 日，（张謇）'与沙丈（沙元炳）问答，并言我（张謇）病即愈，精神恐不复能如前，当屏弃一切，专与子倡（唱）酬也。'"

作《如皋郑氏族谱序》。

民国十五年《如皋白蒲郑氏族谱》，共 14 卷加卷首、卷末，沙元炳作《如皋郑氏族谱序》。查《志颐堂诗文集》，该文未收录。文末有："中华民国十五年丙寅春三月，清赐进士出身、翰林院编修、邑人沙元炳序。"[①]

[①] 吴志强：《东皋文史》2022 年 5 月 24 日文。

民国十六年（1927），丁卯，64岁

1月29日（一九二六年十二月二十六日）因病去世。社会各界以多种形式哀悼。

《志颐堂诗文集》第4页，宗孝忱《钞沙先生遗文书后》："吾师沙先生，以丙寅岁莫卒于里第。"

里第，里中宅第，官员私宅，这里指沙元炳自己的住宅。

《志颐堂诗文集》诗卷十二，第30页，项本源《先师沙碣髯先生事略》："晚年探研内典，修持净业。年六十三（著者注：此年龄是以农历计算的）卒，葬于如皋东乡林梓新阡。"

新阡，新筑的墓道。

《全国报刊索引》资料《小日报》，1927年2月10日版，载有鲁聱所作《呜呼沙健庵》："读者尚忆吾前所作《记江北三老》，曾言沙健庵先生实与张（张謇）韩（韩国钧）齐名。乃去年岁寒冬残之际，沙氏竟与世长辞。如皋各界人士无不痛惜。商界与各机关社团各下半旗三日、军警缠黑纱以示哀悼。闻沙氏为前清翰林，与张謇同科，散馆后即不出山，以地方事为己任。光复后尝充江苏第一届省议会议长。为人不争名利，故散会后即退居林下。生平读书甚多，且精岐黄，南通张氏之疾，亦经沙氏诊断……"

《全国报刊索引》资料《如皋医学报五周汇选》，1930年出版，第333页有《为医学研究社社长沙公志悼》："社长沙公元炳，字健庵，别署碣髯，前清编修。文章道德，海内宗仰。对于地方自治、实业、慈善诸大端提倡不遗余力。治经之暇，兼究医

学,深入南阳之堂奥。晚耽禅悦,尤精内典。辛酉夏,内务部颁布管理医士规则,同人等组织公会,微公赞助,几不能成立,并承负对外之责,医界赖以谧安,公之力也。乙丑秋,公会同人,慨医学之荒芜,组设研究社,藉资切磋,推公为社长,公固辞不获。社员撰述,时就公为评判焉。每值会期,公必谆谆演说,启迪后进,即本报亦蒙赞许。公之维持医界,可谓无微不至矣。去岁春,公家人染疫,叠抱天殇之痛,哀感过甚,致伤肝脏,始则左胁胀疼,继则吐血盈盂,虽经社友等先后调治,症势时进时退,奏效无期。客腊又延沪上费子权君诊视,初尚稍效,后因感冒,复增寒热,竟至不起。易篑时,神志颇清,口诵佛号而逝。呜呼!公一生清白,可谓来去分明矣。丁兹国家多事之秋,中医凌替之际,本社人望又弱一个。同人等不禁为地方同声一哭,更为医界同声一哭。民国十六年立春后六日,后学陈生瑞谨撰。"

《全国报刊索引》资料《如皋医学报五周汇选》,1930年出版,第335页有如皋医学研究社、如皋医学公会挽沙社长联:

启朦如相,瘥口如师,沟中西为一家,受和允称甘国老。

徇利则卑,顾名则苣,本慈悲治百病,训词可质大医王。

《全国报刊索引》资料《如皋医学报五周汇选》,1930年出版,第334页有如皋人陈其嘉(君楳)《挽沙健庵社长诗十章》、如皋人颜鸿恩《挽沙健庵社长诗》。

陈其嘉诗选录一章:

地方大计赖提纲,月旦宁能泯否臧。

尽有初终难贯澈,曾无片念到私囊。

颜鸿恩《挽沙健庵社长诗》:

半壁江淮势殆哉,水声呜咽也吞哀。

欲登上界通仙筏,问甚中原化劫灰。

国手已无医社长,婆心那有佛如来。

忍从涕泗余生里，还冀公偕耆老回。

　　11月9日（十月十六日），遗作《志颐堂诗文集》由弟子整理成册。

　　《志颐堂诗文集》文篇卷下，第56页，《先师沙碻髯先生遗籍跋》："右碻髯先生遗文，散体类都九十一首，题跋类七十五首。民国十六年春，先生疾，亟命家人扶掖就案，启箧出之，黯然以付本源者，本源谨受而退。先生既殁，乃与同门姚泽人、宗敬之二子，分任校录。未竟而兵事起，即汇原稿交长君。君毅弃藏，以防散失。迨六月兵退，由本源复命工录写，三月而毕。分散体文为三卷。骈体十一篇附焉，列入辞赋类。题跋文为二卷，诗词八百三十一首，厘为十二卷。本先生之志，定名曰《志颐堂诗文集》。校雠既竟，乃谨识其后曰：先生之于文勤矣。自早岁通籍志养告归，综览百家，撷其精要。每营一艺，思凑单微，初若甚苦，及其成也，放之沛然。若王良造父之御车，磬控折旋，无不如志也。家富图籍，宋明以来，精品綦多。先生手自检校，各加题识，有考订至于再三者。生平于词不多作，诗则陶铸古人，兼揽众美。篇什所陈，可览而得也。如皋僻在海滨，先生伏居不出，罕与外人唱答。故名之显远，不逮时贤，然所诣特精，高篇大句，稍稍远播，识者辄思一睹全集以为快。珍宝在山，精光终将大显于世，不可得而闷也。昔在宋世，东皋先贤，王、胡两先生，既以道学崇高，垂名千古。迨有明之季冒征君，风流文采，亦复海宇倾风。先生媲美先贤，有坚车可以行远，后之君子，必有嗜读遗篇，论定先生者。不朽之业，其在斯乎！时民国十六年，十月既望，门人项本源谨跋。"

　　《志颐堂诗文集》（中华书局聚珍仿宋版，1933年版），书名由著名书法家狄平子于癸酉（1933）春题写。

狄葆贤（1873—1941），字楚青，号平子，别署平等阁主，江苏溧阳人，清举人。戊戌变法期间宣传变法。变法失败后留学日本。1900年到沪加入正气会，组织自立军，失败。1904年在上海创办《时报》。1908年为江苏咨议局议员。后又办《民报》和有正书局等。晚年笃信佛教。爱好诗词书画。著有《平等阁笔记》《平等阁诗话》等。

《志颐堂诗文集》后编入《近代中国史料丛刊》。《近代中国史料丛刊》是台湾文海出版社于1966年10月陆续出版的中国近代史资料丛书。历史学家沈云龙担任主编。该丛刊现已出版至三编：《近代中国史料丛刊》《近代中国史料丛刊续编》和《近代中国史料丛刊第三编》。计已编成出版正编一百辑、续编一百辑、三编一百辑。该丛刊所收录的史料包括档案、奏疏、政书、笔记、日记、函牍手札电文、年谱、诗文集、经世文编、传记（碑传）等，内容广泛且丰富，对中国近代史研究具有重要价值。《志颐堂诗文集》在续编第42辑。

沙元炳先生的家族世系

沙元炳，字健庵，号尔彪，别号碣髯。配沈氏（定，静宜）、沈氏（洁，浣霞）、唐氏（芙，藕香）、韩氏（丽园）、顾氏（道明）。

远祖：沙维墉，字屏北，号汝升。配郭氏、丁氏。
太祖：沙钟璘，字绅襄。　　　配谢氏、王氏、丁氏、王氏。
烈祖：沙潜龙，字跃其，号吟庵。配梁氏。
天祖：沙树榆，字宪杜，号定斋。配徐氏。
高祖：沙熙德　　　号利仁。配朱氏。
曾祖：沙增龄，字驯千，号菊潭。配沈氏。
祖父：沙鸿钧，字琴序，号晴淑。配沈氏。
父亲：沙宝臣，字瀛仙，号献廷，谥号潜惠。配孙氏。

子：沙进（其琛，廪生，如皋中学毕业，配何氏）、沙迎（迎新）、沙还（俶周，配倪氏）、沙遵（道安）、沙达、沙适（尚之）、沙逊、沙適（彦高）、沙逵（子中）、沙遹（骏声）。其中沙迎、沙达、沙逊先于沙元炳先生去世。沙进于先生去世后七个月去世。

女：沙珠（辉淑，适祝光樾）、沙瑜、沙琇、沙琬等。

孙：沙允祚、沙允文、沙允寿、沙允胤、沙允福、沙允济、沙允慈、沙有刚、沙允湘、沙允沛、沙允忠、沙允斌、沙俊、沙允亮、沙允恭、沙允群、沙允兴、沙允定等。

其中沙元炳先生的远祖、太祖、烈祖、天祖的名、字、号是根据沙氏族人提供的资料和其他资料汇总的，出于多种原因，尚不能最终确定。沙氏族人提供的资料以表格的形式列出了四位祖先每人的名、字、号，但可能有人的"名"实际上是"字"，或者"号"；有人的"字"实际上是"号"，或者"名"，对应顺序可能有错讹。其高祖的"名"是确定的，"字"与"号"也有可能颠倒。

以上关于沙元炳先生的家族世系，主要以下列五篇文章、沙氏族人编制的《如皋市如城沙氏世系简表》和其他手写资料为参考。

江南乡试同年齿录·光绪十七年辛卯科

哥伦比亚大学图书馆资料《江南乡试同年齿录·光绪十七年（1891）辛卯科》第 176—177 页：

沙元炳，字建（健）庵，号尔彰，行一，同治甲子年九月初十日吉时生江苏通州如皋县，优廪生，民籍。

曾祖增龄，字驯千，号菊潭，嘉庆辛酉拔贡，安徽青阳县教谕，兼署训导，代理青阳县知县，主讲蓉城书院，道光丁未重游泮水，敕授修职郎，晋赠文林郎，诰封朝议大夫，著有《冬荣类稿》十二卷、《冬荣札记》八卷、《滴翠山房文集》四卷、《菊潭诗钞》八卷，邑志有传。妣氏沈……

祖鸿钧，字琴序，号晴淑，太常寺博士，候选主事，四品衔，即用府同知，诰授朝议大夫。妣氏沈……

父宝臣，字瀛仙，号献廷，同知衔，候选詹事府主簿。母氏孙，候选太常寺博士、诰封朝议大夫、晋封中宪大夫、讳凤千女……

妻沈氏……子其琛（长子沙进），幼，读。女一。

族繁不及备载，世居如皋县治沙家河塘。

乡试中式第一百三名，覆试一等第十五名。

文中"重游泮水"，是科举制度中的一种庆贺仪式。泮水是学宫的别称。按清代科举制度，入府、州、县学满 60 年的人称为重游泮水，作为考中秀才而又享高寿者的一种荣誉。

如皋沙氏家集序

沙元炳《志颐堂诗文集》文篇卷上，第15—17页，《如皋沙氏家集序》：

吾沙氏为古沙侯之裔，汝南、东莞，族望邈矣。有宋宜州太守世坚公，扈从高宗移钱塘，载之史册，是为沙氏入江南之始。江南之有沙氏，若苏、若常、若通、若淮徐、若杭湖、若无为，皆宜州之苗裔也。国朝江南沙氏以文艺称于当时者，于江阴则有定峰公，于长洲则有斗初公，而如皋则以盱江公为最显。

盱江公少居京师，亲受业于颛庵相国、慕庐尚书之门。同时交游如梅听山、胡芝山、徐大临、倪永清诸先生，皆一时贤俊，以风雅相切劘。故其为诗，具有义法。一传而至清斯、药房公，再传而至琴白、缜园、竹屿公，三传而至南园、静夫、秀岑、卧云公，皆盱江之子孙也。

元炳上世屏北公为盱江公从父行，尝筑江上草堂于石庄，往来多东南名宿。公子绅襄公移家城北，是为河塘沙氏之始。绅襄公少游太学，居京师最久，年四十始生吟庵公。吟庵公既长，筑颐园以奉焉。当是时，盱江公幻影庐翼城之西麓，吟庵公颐园负城东北隅，春秋佳日，互招致群从子姓与乡里耆旧，饮酒赋诗为乐。后之谈者，以为国初吾邑园林觞咏之盛，冒家水绘外，沙氏其亚也。顾幻影庐三世所作犹存崖略，颐园韵事往往散见于他集，独自屏北公以下，累世诗俱不传，仅东岑公数章见于江南风雅而已。

曾大父青阳公为吟庵公曾孙，生稍后，吾宗渐衰替矣。导扬先德之心，时时见于歌咏。元炳之生也，青阳公已不及见。自读书、知人事，每闻家大人称述先世遗行，问当日颐园所在，则半为仓舍，半没于僧寺矣。问幻影庐旧址，则夷为民居，迷漫不可复指。过石庄寻江上草堂，族姓杂处，遗迹犹未尽泯。登其堂，则马磨在焉。盱江公之子孙零落殆尽，城北河塘之裔，功缌以外无人矣。考之谱牒，稽之邑志，先世遗集又十不获一。呜呼，以百里之县，一家之事，阅六七世，而消沉陵替至此，天人盛衰之故，不大可惧哉。

昔晋籍谈数典忘祖，为景王所訾。而徐容居曰，容居鲁人也，不敢遗其祖。元炳性质椎愚，常惕惕焉。感容居之言，用自钊勉，冀能表襮旧德以歌诗，为先人遗言缀辑尤勤。凡总集之所录，诗话之所纪，与夫私家图册之所题咏，靡不搜采，十余年间，共得诗若干篇，勒为四卷，于是吾沙氏之诗，庶几可存已。

虽然如皋一县，历国朝二百五十余年，号称完善，未尝有大凶荒、大兵革、流离荡析之故也。吾宗虽稍稍衰替，读书能守业之士，犹世有其人，而所获止是。然则自今以往，吾又安知其能永存否耶？世变亟而风雅衰，蒙泉硕果之思，仅戋戋一家一集之是寄余之志，亦可哀也夫。

篁韵草堂八世藏扇记

沙元炳《志颐堂诗文集》文篇卷下，第5—7页，《篁韵草堂八世藏扇记》：

岁甲戌（著者按：疑为后人辑录时的笔误，应该是戊戌年，即1898年，沙向朝廷请长假，自京师归。甲戌为1874年或1934年等，前者沙11岁，后者沙已辞世），元炳自京师告养归，事亲多暇日，先府君持纸一束，示元炳曰："此历世先人所遗扇，逮汝九世矣。昔汝曾祖尝以授汝祖，汝祖受而藏之篁韵草堂者三十余年。既殁，吾益以汝祖所遗，缄于笥，又二十余年矣。扇最初者，为屏北公生万历庚戌，距今且三百年。明清易姓，淮扬骚然，道咸之间，江南再兵，所至残破，而吾邑以存。吾高祖兄弟十一，吾曾祖兄弟四。别支子孙，如栖尘零籜，漂灭殆尽。而吾宗仅存，是戋戋者留遗，以至于今，未尝阙失，幸也。"

夫以中国之大，而有县经大兴废，大兵革，犹能晏然存者，此殆关于天时之衰旺，地理之阻易，人心风俗之所感召，非一夫之力，可以强而致也。若一族一家之兴替，则亦系乎人事，而不当委其数于天。故子孙而贤，诚念其祖宗，虽株木、拳石、寸书、尺画，无不穆然见羹墙之思。子孙而不贤，诚不念其祖宗，虽丹书铁券，懵者或持以易粮饵。盖深杯棬之感者，必笃堂构之心，乏霜露之思者，必有漂摇之叹。彼断烂故纸，重则珍逾球图，轻乃蔑如腐草，亦视子孙于其祖宗何如耳。

昔苏子由有言："持盈守成，艰于创业。盈者必溢，成者必毁，事理常然。盈成之间，非有德者不安，非有法者不久。"此虽言有国可概有家，德者衡之于心，而法则随时以变，家与国无二理也。汝能无败于德，怒于法，日对此扇而思，所以持守之者，其庶几乎？元炳谨受命，装次成册。先府君既殁，复检生平所御扇续诸册，并泣而记之。

呜呼！不肖自读书窃官，内无益于身，外无益于世，无以光大我先人，伏居铲迹。惟先府君煦妪训迪，幸免罪戾，颓其家声，五十以前犹孺子也。乃自国变以后，乱事抢攘，一岁数惊。其视明清之际，道咸之间，我先人所丁之运奚若耶？人心风俗日变而日漓，其终能感召，有幸焉否邪？德既不足以自信，而又无法以应，人其能永永持守？而安然还我子孙邪？每拜展斯册，怆念先府君之言，潸然不知涕泗之横溢已。

扇凡三十有六。首屏北府君遗扇一，子绅襄府君遗扇五，子跃其府君遗扇二，子宪杜府君遗扇一。子利仁府君，元炳之高祖也，遗扇一，曾祖菊潭府君遗扇十，祖考晴淑府君遗扇四。最后十扇，则我府君潜惠先生所遗也，并以曾祖妣二扇附焉。

旧历癸丑（1913）十一月元炳记。

有清处士赠资政大夫沙府君墓志铭

　　沙元炳《志颐堂诗文集》文篇卷中，第34页，《有清处士赠资政大夫沙府君墓志铭》：

　　民国三年（1914）一月二十四日，我显考沙府君卒于家，阴历癸丑十二月二十九日也，春秋八十有七。男元炳谨视含敛，赴书告哀。于是邦人君子相聚而议曰：先生远于世者久，而施于乡者博。乡之人闻其声而思，感其行而泣，钦其光而或未审其貌，受其惠而莫能称其名字者，众也。非按典著谥，无以彰古德，示来兹。因私谥曰'潜惠先生'。元炳自少至长，求学窃名，未终岁离亲侧。见我府君，伏居数十年，未尝骛一名，干一事，交一声气有力之人。其施也，如偿；其予也，如忘。果何由致此？继念我府君隐德穆行，证以古君子暗然日章之理，知所以致爱于乡者，诚有由矣。

　　我沙氏于如皋称巨家，县中士族，由明代下至今，一姓历三百余年，而田宅不更他氏者，独称我沙氏。府君生二十一岁而失恃，世父又早卒，遗孤甫草，季姑以事父，誓不嫁。府君视妹犹弟，视从子犹子，日求所以安稚弱者，慰亲王考。府君性慈厚，好施予。府君顺命继志，一以亲所悦者待人。疏族旧姻贫无依者，茕子嫠孀衰病无告者，里中道路、津梁、祠宇废不治者，有请无拒，或阳拒而阴予之。

　　当光绪间，灾祲频仍，国家疲于振恤。江以南严佑之、施少钦，诸人咸起，布衣筹救济，持阴德感应之说，号召天下，天下翕然称善人，常咄嗟致数十万。朝廷嘉其义，令会其数于户部，得操信证奖官职。府君悬然忧焉。以为布衣司司徒，荒政之权，为世道之大变。然凡前后伙助亦累数千金，咸故有愿酬其半易所给证以得官者，屡请于府君。府君笑谢曰：恶有是。昔者间有之，其数弱，且焚之矣。逮元炳任地方学校数年间，承命捐资产几万，有司上其事，得进褒赠。府君顾不怿，谓：吾所效于乡者，义在则然耳。而乃以市宠乎？终身不易冠服。平居，夏一絺，冬一氄，非敝垢不更御。非习与元炳游者，见亦不知为吾翁也。呜呼！府君之感于人者，深矣！必有什伯于此者，而元炳能言者止此，可哀也夫！

府君讳宝臣，字瀛仙，候选詹事府主簿。澹静少言，读书外无他嗜，尤熟于明清掌故，而未尝应有司试。以元炳官赠奉政大夫，累晋资政大夫。以阴历丙辰十二月七日葬于县东南林梓镇之南原。妣孙夫人祔焉，先府君七年卒。既葬矣，别为铭，谨列叙世次于后，泣血而系之。铭曰：沙出姬姓始侯国，越汉东莱蔚生穆，五龙分骞各殊族，汝南浸昌宜州续。槃祖礼九徒江隩，传十四世君其属，罨罨夜行抱天鷟，处危而孙富而谷。施大世曼应岂独，唯一好德载四福，上告下诏丰不辱，其孤缀辞永蘸谷，后有百世视此躅。

曾祖讳熙德，赠奉直大夫。妣朱氏，封宜人。祖讳增龄，嘉庆六年拔贡生，安徽青阳县学教谕，赠通议大夫。妣沈氏，封淑人。父讳鸿钧，候选主事，赠资政大夫。妣沈氏，封夫人。子元炳，清赠资政大夫，赐进士出身，翰林院编修。配沈氏，继配沈氏，封夫人。妾唐氏并先卒、韩氏、顾氏。女二，长适训导孙国仁，先卒。次适县学生贾燧，婿先卒。孙八：进（廪生，如皋中学毕业生。配何氏，卒）、迎、还、遵、达、适、逊、適。孙女四：长珠（适廪生如皋中学毕业生祝光樾）、瑜、琇、琬。曾孙允祚，曾孙女德娴。

先师沙碣髯先生事略

沙元炳《志颐堂诗文集》诗卷十二，第30—31页，项本源《先师沙碣髯先生事略》：

门人项本源谨撰。

此稿成于戊辰（1928）季春京师绒线胡同周仁厚堂西斋馆舍。由朱季衡先生转交王书衡先生登入《清代诗征》。

先生名元炳，字健庵，晚岁别号碣髯。如皋沙氏，世有隐德。自明清以来，数百年所居第宅未尝易主。考讳宝臣，高龄竺福，乡谥潜惠；妣孙氏，督教綦严。

先生年二十八举辛卯科乡试，明年壬辰连捷成进士，甲午殿试入翰林，散馆，授编修。以二亲年高，谒告归养，颜其所居曰志颐堂。居恒博综六艺，工为诗文。自先秦汉魏，下逮唐宋八家、桐城阳湖之作，无不究研，深入阃奥。诗则陶铸古人，兼揽众美，而素怀所寄则在遗山，以所遭之时颇与遗山同也。自清季诏改新政，凡地方学商诸务，皆自先生创办。民国之初，尝被举为省议会长，旋谢去。虽当百事倥偬之时，不废吟咏，而于乡邦文献搜讨犹勤。先贤胡安定先生，为理学宗师，遗篇散佚，所撰《中庸义》自南宋以后即不复睹。先生于卫正叔《礼记集解》中检得之，乃命门人姚祖诏录出，以还此书之旧。先贤王明叟先生，有奏议两卷，见于各家书目，佚不复见。先生多方搜辑，得八十余篇，釐为二卷，而别为年谱以表彰之。其他乡先哲遗籍，搜罗至百余家之多。家藏古籍、金石、书画甚夥，多宋明以来精品，先生各加题识，有题跋文二卷。晚年探究内典，修持净业。

年六十三卒（著者注：以农历一九二六年十二月二十六日计），葬于如皋东乡林梓新阡。

子十人：进、迎、还、遵、达、适、逊、適、逵、遹。迎、达、逊先逝。长子进于先生殁后七月逝。孙二人：允祚、允文。

所遗骈、散文、诗词，由门人项本源分类钞录，得十八卷，本先生之志，定名曰《志颐堂诗文集》。尚有杂著若干卷，待另编。

沙元炳先生与如皋地区的近代化[①]

摘　要：沙元炳（1864—1927），字健庵，晚年别号础翁，江苏南通如皋人。甲午恩科二甲赐进士出身，与张謇同榜。清授翰林院编修。民国如皋县民政长、江苏省议会议长。一生经历了清、民国两个历史时期。1898年回如皋兴教育、办实业，热心文化事业和社会事业；同时，全力支持张謇教育救国、实业救国，是张謇在地方上倚重的重要人物之一。沙元炳不仅是如皋地区早期近代化过程中的领军人物和杰出代表；更重要的是，他的努力和成就，在当时就和张謇的活动融合在一起，成为张謇领导下的南通地区早期近代化历程的重要组成部分。

广泛收集能够反映沙元炳一生言行的资料，进一步挖掘沙元炳各种著作所包含的思想追求，认真整理沙元炳研究的已有成果，客观评价沙元炳在如皋地区近代化过程中的地位，是本专题研究的主要目的。这也有利于继续探索沙元炳兴办近代实业与近代教育的思想和实践的特点，有利于系统、全面地概括、评价沙元炳的历史贡献。

关键词：沙元炳　如皋　近代化

[①] 本文为作者硕士学位论文，有改动。

导　论

　　中日甲午战争中国失败后，沙元炳无意仕途，向清廷请假南归故里，与张謇相互勉励，以"启迪民智，御侮图强，洗雪国耻，振我华夏"为己任，致力于地方教育及实业。先后创办了如皋小学堂、如皋公立简易师范学堂等多所学校；兴办了广丰腌腊制腿公司、皋明电灯公司等多家企业，还创立商会、兴修水利、清查田地、创办新式医院，为如皋地区近代化奠定了坚实基础，也开启了如皋地区教育、农业、工业、商业、医学等领域近代化的大门。此外，他全力资助张謇创办实业，曾投资大生纱厂、大达内河轮船公司、通海垦牧公司等企业。辛亥革命后被推为如皋民政长，1913年又当选为江苏省议会议长。可以说，沙元炳也是十九世纪末二十世纪初江海大地上"教育救国"和"实业救国"的先驱之一，为南通、如皋的近代化做出了巨大贡献，发挥了重要作用。沙元炳的思想和实践，与张謇的努力与成就很好地融合在一起，成为张謇领导下的南通地区早期近代化历程的重要组成部分。

　　尽管沙元炳在中国近代化历程中的作用与影响还不能与张謇相提并论，但他办实业、兴教育，与张謇相互勉励，交相呼应，在这一潮流中也扮演了非常重要的角色，是为中国近代化做出贡献的比较重要的人物。然而，长期以来，学术界对沙元炳的关注远远不够，专题研究的学术论文极少，只有在张謇研究、南通地区近代实业和近代教育研究、南通地区地方志研究等专题研究中零星涉及，有些还只是作为某个论题的佐证材料。只是在他的故乡如皋，有极少数的几位学者，长期以来以高度的热情关注着沙元炳，撰写并发表了十多篇文章，如周丽君、杨启斌的《沙元炳与〈如皋县志〉》、沙彦高的《沙元炳（健庵）先生事略》、王坚的《沙元炳教育思想及其实践简介》、周思璋的《沙元炳对如皋的贡献》、黄天铨的《胡瑗教育思想与如师创办总理沙元炳》等；台湾如皋同乡会的一些成员如教育家吴俊升等，也先后撰写、发表了《重印志颐堂诗文集序》《沙元炳先生传略》《如皋沙健庵先生的志颐堂诗》等文。另外还有一些文章从名人轶事、乡俗趣闻、风土人情等角度介绍了沙元炳。

沙元炳留给后人的文字资料比较少，集中体现于他的诗文专著《志颐堂诗文集》，其他的相关资料散见于《张謇全集》《甲辰东游纪略》《如皋县志》《如皋文史资料》等文史资料中。笔者通过收集已有资料、实地考察、采访沙氏后人，对沙元炳的相关资料，尤其是与沙元炳办实业、兴教育相关的资料进行了力所能及的搜集和整理。这一过程虽困难重重但很有意义，可为此后的研究提供更多帮助。

本文一是对沙元炳的重要言行、重要活动进行整理，重点分析、概括其实业救国、教育救国思想主张和实践活动的特点、成效、影响等，初步总结沙元炳对如皋地区近代化的历史贡献；二是注重将沙元炳的思想和实践与张謇的思想和实践进行比较，与当时中国其他知识分子的救国思想和实践进行比较，归纳沙元炳思想和实践的特点，为学术界对沙元炳开展更广泛、深入的学术研究抛砖引玉，为南通地区乃至长三角地区的社会经济发展提供一些有益的借鉴和启示。

第一章　沙元炳生平

　　沙元炳于清同治三年（1864）九月十日出生于江苏省如皋市如城镇沙家河塘一个世代书香之家，民国十五年十二月二十六日（公历 1927 年 1 月 29 日）去世。沙父沙宝臣，字瀛仙，号献廷，乡谥潜惠先生。沙母孙濂贞，知书达理，通晓星相、卜筮、医药、种艺诸书。

　　沙姓在如皋城乡均有分布。沙元炳自己曾考证如皋沙姓的由来，并留下了《沙侯封国考实》《如皋沙氏家集序》和《远祖世坚公传略》等文章。他认为："吾沙氏为古沙侯之裔，汝南、东莞，族望邈矣。有宋宜州太守世坚公扈从高宗移钱塘载之史册，是为沙氏入江南之始。江南之有沙氏……皆宜州之苗裔也。国朝（清朝）江南①沙氏以文艺称于当时者……如皋则以盱江公为最显……元炳上世屏北公为盱江公从父行，尝筑江上草堂于石庄②，往来多东南名宿，公子绅襄公移家（如皋）城北，是为河塘沙氏之始。"③ 沙元炳将本族远祖追溯到南宋时的太守沙世坚。沙世坚是南宋勇将，屡有战功。《宋史》和岳飞之孙岳珂所著《桯史》中均有关于沙世坚的记载。沙世坚扈从南宋皇帝赵构来到江南，成为江南沙氏之祖。沙世坚的后裔沙屏北（沙维埔）迁居如皋石庄，沙屏北后裔沙绅襄（沙钟璘）又迁居如城，成为如城沙氏河塘沙姓的先祖。

---

① 不同时代的"江南"，含义不一，有时也包括今江苏、安徽长江以北的一些地区。
② 现为如皋市一镇，在长江北岸。
③ 沙元炳：《如皋沙氏家集序》，《志颐堂诗文集》文篇卷上，中华书局，1933，第 15—16 页。

第一节　勤奋攻读，求取功名

开始于隋朝结束于清朝的科举制度，在中国封建社会后半程一千多年的时间里，是读书人跻身官僚阶层的重要阶梯。沙元炳也不例外，他沿着这条道路苦苦跋涉十多年后得以金榜题名。

沙母在 35 岁时生下沙元炳，算得上老来得子，所以倍加爱护。但沙家家教甚严，尤其沙母不因独子而溺爱，对沙元炳的学习抓得很紧。而沙元炳天资聪慧，勤于攻读，于清光绪七年（1881）考中秀才，光绪十七年（1891）乡试中举人，光绪十八年（1892）会试取为贡士①，光绪二十年（1894）参加甲午恩科殿试成为进士。沙元炳优于文学、书法，被选送到庶常馆②深造。其后，沙元炳又经过朝考，在 1898 年被清廷授予翰林院编修之职。

第二节　辞官南归，造福桑梓

如果从 1894 年殿试成为进士算起，沙元炳在清廷为官四年，到 1898 年前后，思想发生很大转变。他渐渐抛弃了忠于朝廷、为清政府效力的理想与追求，进而表现出了对清政府的无比失望，并最终以"双亲年高，无人奉养"为由，义无反顾地请假南归故里。

返乡后的沙元炳，受到挚友张謇教育救国与实业救国思想的

---

① 清制称会试考中者为贡士，再经殿试赐出身，乃为进士，但习惯上每于会试考中后即称进士。
② 清初设庶常馆，顺治三年（1646）成定制。每年殿试后，选德才兼优之士为庶吉士，入庶常馆学习三年，期满后请皇帝"御试"，然后分发任用。

深刻影响,与张謇相互勉励、相互支持,联合江海地区的其他仁人志士,走上了一条努力振兴地方实业、振兴地方教育的道路。沙元炳"与张謇有着类似经历,亦沿着科举道路艰苦跋涉,最终得以金榜题名,却在登上仕途之际,改弦易辙另觅了一条振兴教育报效国家的新路"①。他以"启迪民智,御侮图强,洗雪国耻,振我华夏"为第一要务,创办新式学校近十所,其中又以创办师范学校用力最勤,影响最大。除了振兴教育之外,他以造福桑梓为己任,先后在如皋地区创办近代企业多家,业务涵盖金融、电气、肉制品、医药、海边盐垦、面粉加工等诸多领域,对如皋及周边地区的近代工业、农业、商业、教育、水利、医疗卫生等方面的发展都做出了巨大贡献,在如皋地区近代化的过程中发挥着举足轻重的作用。

第三节 支持革命,拥护共和

尽管沙元炳曾经对科举入仕孜孜以求并取得喜人成就,尽管沙元炳曾经对维新变法寄予厚望,但在资产阶级革命风暴席卷而来时,他没有因循守旧,而是审时度势,与时俱进,渐渐转变为民主革命的支持者。

武昌起义爆发前,在沙元炳创办并担任总理的"如皋公立简易师范学堂"(时已改名为"如皋初级师范兼中学附属两等小学堂")里,学校教员黄家瑞乃同盟会员,曾"秘密传阅《扬州十日记》《嘉定屠城纪略》,揭露清朝政府的凶残,启迪人们的民主

---

① 徐静玉:《书院与清末民初南通教育的转型》,《南通大学学报》2009年第5期,第83页。

意识"①。在黄家瑞等人的影响下,学校部分师生"没有向清统治者的高压政策屈服,依然秘密传阅当时的进步书刊,如《苏报》《救亡决论》《革命军》《警世钟》《猛回头》等等"②。1911年10月10日,武昌起义成功的消息传来,如皋虽未光复,但学校师生积极响应,自发剪去长辫。对以上具有革命倾向的行为,沙元炳都未加制止。

武昌起义爆发后,全国十多个省先后宣布独立,晚清政府很快土崩瓦解。在这新旧政权更替,社会动荡不安的时候,"如皋城无一兵,库无一械,众皇皇然"③。不少人纷纷逃往他处避难。当时,有负责缉捕私盐贩子的"缉私营"分别驻扎于如皋东乡和海安、东台一带,营部设在如皋县之北的海安县。"缉私营"帮带蔡和林与沙元炳素有往来。沙派人持信请蔡和林率部速来如皋城维持治安。蔡和林率部及时赶到时,正巧遇上有部分江防水师叛乱,冲进如皋城,想趁乱抢掠。蔡和林率部当即收缴叛军的武器,平定了叛乱。然后,如皋的各界代表商量成立临时军政分府,宣布拥护共和。大家公推周莲为军民临时总司令,沙元炳为民政长,蔡和林为军政长,宣告如皋光复,出布告安民。如皋初级师范兼中学附属两等小学堂的师生高唱本校教师自编的歌曲《庆祝武昌起义成功歌》进行街头宣传,庆祝革命胜利。沙元炳还与蔡和林约定:"凡应安辑抚绥者元炳(沙元炳)任之;而一以镇慑追捕之事属君(蔡和林)。"④ 当时,蔡和林所部"不满千,能资为肺肠者仅三四。(沙、蔡二人)乃日与训告约敕,唇

---

① 江苏省如皋师范学校校史编写组:《百年如师》,2002年10月,第24页。
② 同上。
③ 沙元炳:《蔡竹贤四十寿序》,《志颐堂诗文集》文篇卷下,第24页。
④ 同上。

灼舌卷。诸新附者不旬日而化悛悛如子弟矣"①。蔡和林这支不足千人的部队,经过沙、蔡二人的教育和整顿,成为当时如皋地方维护社会治安、保护革命成果的一支重要武装力量。

不仅如此,沙元炳还大力支持同盟会员黄家瑞在如皋筹款组建革命军。他以南通大生纱厂股东身份,出具介绍信给黄家瑞,让他从大生纱厂驻上海的"大生沪事务所"提取现金3万银圆,"购得日本长枪300支、短枪10支、子弹数万发,安全运回如皋。当即联合缉私营,又召募新兵,组成新军"②,共同负责社会治安、极力保护辛亥革命的成果。

沙元炳担任如皋县民政长直到民国元年(1912)二月江苏省署委安徽人李大年来任民政长。1913年,沙元炳又被推选为江苏省议会议长,但他对当时的政府深感担忧,在仔细分析了政治形势后,连续数次称病辞职,继续走振兴教育、振兴实业的道路。

第四节 博学多才,诗文俱佳

沙元炳治学严谨,博学多才,尤其以诗文功底深厚著称,一生著作颇多。台湾学者李猷认为:"先生在家乡所创事业虽不及南通张啬翁,而诗文之造诣,匪特不让,且或过之。"③

沙元炳家中藏书很多,他从小勤奋好学、手不释卷,后又多方搜集善本遗著充实藏书。沙元炳"虽当百事倥偬之时,不废吟

---

① 沙元炳:《蔡竹贤四十寿序》,《志颐堂诗文集》文篇卷下,第24页。
② 《百年如师》,第24页。
③ 李猷:《如皋沙健庵先生的志颐堂诗》,《如皋文献》(第一册),台湾如皋县同乡会 1989年,第272页。

咏。而于乡邦文献搜讨尤勤"①。其藏书包括经史百家、金石书画、碑拓阁帖、地方志书、医学经典等,其中很多都是宋明以来的精品。他从朝廷请假回家后,将旧宅改名"志颐堂",将所藏3万多卷图书分类编目,仔细珍藏,堪称如皋近代私家藏书之典范。中华书局1981年1月出版的《江浙藏书家史略》(吴晗著)里也收有沙元炳的条目。极其可惜的是,这些丰富的图书连同他的著作,在1938年春日军侵占如皋县城时,被日军作为取暖燃料付之一炬。

　　沙元炳遗存的作品在他去世后,由门人项本源、姚祖诏、谢仕选、宗孝忱等合力整理,编成《志颐堂诗文集》十八卷刊行,书前有学者金鉽②所作《志颐堂诗文集序》,书后有项本源所作《先师沙碣髯先生事略》。这本诗文集含论辩6篇、序跋23篇、书启3篇、传状10篇、碑志23篇、题记6篇、赠序10篇、哀祭10篇、辞赋类11篇、题跋75篇、诗词831首(包括咏物、赏景、忆旧、悼亡、唱和、题画、书怀、记事等),被台湾文海出版社出版的《近代中国史料丛刊》收录。曾担任国民政府教育部次长的吴俊升教授③赞赏此书是:"乡邦文献之菁华""所为传记、碑铭诸作,凡邑人忠义节烈之行,以及庸言庸行之谨,多所表彰;而乡贤之诗文遗集亦多所题记"。"先生之诗文气魄雄厚,

---

① 项本源:《先师沙碣髯先生事略》,《志颐堂诗文集》诗卷十二,第30页。
② 金鉽,字蘅意、蘅浥,号陶宧,江苏泰兴人,沙元炳的挚友,进士出身,曾任翰林院编修。
③ 吴俊升(1901—2000),江苏如皋人,曾就读于沙元炳创办的师范学校,深得沙器重。后去法国留学,获博士学位。曾担任国民政府教育部次长,先后在南京、香港多所高校任教授,是中国最早研究教育哲学的主要学者之一,有"中国杜威"之美誉,一生著述颇丰,有《教育哲学大纲》《教育概论》《伦理学概论》《德育原理》《杜威之教育学说》等三十余种。有些作品被译成英、法、意大利、西班牙等国文字。

迈越秦汉。"①

　　沙元炳晚年笃信净土，崇尚佛学，这大概是他晚年追求精神解脱的一种方法，佛学作品《净土圣贤录》和《印光法师文钞》分别以《民国沙元炳》《沙健庵居士往生记》等为条目予以记载。

　　1926年8月，南通张謇病逝，沙元炳为此心情沉痛；艰辛维持所创办的近代企业，沙元炳的身心更加劳累；军阀混战，如皋常有反动军队过境扰民，沙元炳对此忧心如焚。痛失挚友、事业烦扰、国事纷乱，沙元炳精神负担日渐加重，身体状况日益衰退，到这一年秋一病不起，虽延请名医会诊，终因年老虚弱逝世于腊月，享年64岁。

---

① 吴俊升：《重印〈志颐堂诗文集〉序》，《志颐堂诗文集》，第1页。

第二章　沙元炳致力于如皋近代化的背景

第一节　时局的影响

沙元炳一生经历了中国大变动的时代，只从他 30 岁这一年算起，有甲午战争、戊戌变法、义和团运动、八国联军侵华、辛亥革命、五四运动、国民大革命等。时政局势对沙元炳的影响可谓深刻。

沙元炳 1894 年殿试成进士的这一年，发生了中日甲午战争。1895 年，中国大败，被迫与日本签订《马关条约》。泱泱大国败于蕞尔岛夷，国人痛苦万分，由此引发了震惊中外的"公车上书"。在京举人一致要求坚决抗战，变法图强。甲午战败对沙元炳触动很大，他既激于义愤，又深知国弱民困，列强觊觎，开始产生挽救危亡的思想。1898 年，沙元炳被授予翰林院编修。沙离开京城后数月，京城发生了戊戌政变，以慈禧太后为首的封建顽固派大肆捕杀维新党人，"戊戌六君子"遇难，百日维新宣告流产，国事日非。沙元炳目睹当权者尸位素餐，不少人表面高呼维新口号却没有实际行动，内心更加感到失望。多年后他曾表露过这种失望，他说："吾见今之膺显职者矣，其初不甚审度，率然而就之，稍有艰阻则谢病而去耳。号为维新者数年，曾无毫毛加于昔，此辈阶之厉也。"[①] 尤其是座师翁同龢因在一定程度上

[①] 沙元炳：《答张策清、潘丹仲论辞省议长书》，《志颐堂诗文集》文篇卷上，第 41 页。张策清、潘丹仲二人为当时民国江苏省议会议员。

支持维新变法运动而遭革职处分，由显贵变为"罪臣"，这对沙元炳求取功名，报效朝廷的封建正统观念，是一次猛烈的冲击，使他渐渐抛弃了对清朝政府的幻想。于是，沙元炳以"二亲年高，独子奉养"①为由，在1898年向清廷请长假返回故里。其后的几年，清政府镇压义和团运动、在八国联军侵华战争后签订丧权辱国的《辛丑条约》等事件让沙元炳进一步目睹了清政府的腐朽，他对清政府更加心灰意冷并最终抛弃了对它的所有幻想。从此不再提及销假复职的事，而是倾心致力于兴办地方近代实业和近代教育事业，把主要精力放在实业、教育、文化、水利、交通以及慈善等事业上。可以说，沙元炳思想彻底转变的标志就是1898年的告假南归。

辛亥革命后，沙元炳对新成立的中华民国曾寄予厚望。这种思想倾向从他担任如皋民政长、奋力保护如皋革命的成果、以极大的热情投入新政权的建设等事件中可以体会到。1913年，沙元炳又被推选为江苏省议会议长。沙元炳当时的确是有过赴任的打算，但他仔细分析了政治形势后，前思后想，最终还是做出了辞职的决定。他在《答张策清、潘丹仲论辞省议长书》中写道："元之辞职，非有所激焉、蒇焉、疑沮焉，有托而为此请也，亦自审病躯万万不足以任事，不得已而出此也。"②他说自己的辞职并非出于畏惧、沮丧、疑惑等原因，只是身体多病难以胜任。实际上，这不是他真实的想法。他真正的想法表现在他的诗词里："一手难回万派东，旋车吾分岂天穷。安排懒性从多病，弃掷名心渐老翁。朋旧远分软臂酒，闲身无碍打头风。春江着意催

---

① 1898年，沙元炳的父亲71岁，母亲69岁。
② 沙元炳：《答张策清、潘丹仲论辞省议长书》，《志颐堂诗文集》文篇卷上，第41页。

归兴,岸杏墙桃已自红""内热隆隆蕴百忧,吾生如序已惊秋。知无鸾凤嘲篱鷃,任说猕猴驾土牛。论事甘藏三尺喙,虚名只博一身疣。衰迟久息元公梦,揽袂云将逐化游"①。他运用典故表达了对国事、政权和民生的深切关心,表明了对当时时局动荡、国事纷乱、民国前途渺茫的不满和忧虑,所以才以"病躯万万不足以任事"为由,不想到南京去就职。项本源在《先师沙碥髯先生事略》中说:"而素怀所寄则在遗山,以所遭之时颇与遗山同也。"② 事实证明沙元炳的担心是完全正确的。袁世凯筹划称帝,解散国会,省、县议会随之解散。1916 年袁世凯死后,省议会曾经恢复,议长仍然是沙元炳。他见政权仍然掌握在军阀手中,各省军阀割据,民不聊生,再次坚辞,一心一意继续走振兴教育、振兴实业的道路。1917 年 5 月,江苏省第一届议会第三次常委会同意沙元炳辞去议长职务。

第二节 张謇的影响

张謇是中国近代著名的实业家、教育家。他以南通为示范,大力推行实业救国、教育救国的思想,大力推进南通近代化的进程,使之成为中国近代化第一城。为我国近代民族工业的兴起、近代教育事业的发展做出了宝贵贡献。

沙元炳与张謇既是挚友、同乡,又是同科进士且同出翁同龢

---

① 沙元炳:《赴江苏省议会,舟行至唐闸,病作却回,赋二律》,《志颐堂诗文集》诗卷四,第 21 页。"篱鷃"(yàn)即鷃,形似鹌鹑而较小,行走迅速但不能远飞。战国时宋玉《对楚王问》中有"夫藩篱之鷃,岂能与之料天地之高哉!"之句,意思是怎能与篱笆里的鷃雀估量天之高、地之大呢?"猕猴驾土牛"出自李白诗《赠宣城赵太守悦》中的"猕猴骑土牛",形容不能行走。

② 项本源:《先师沙碥髯先生事略》诗卷十二,第 30 页。元遗山是金学者、诗人,金被元灭后,隐居不仕,诗多伤时感事之作。

门下。相似的经历、相同的抱负，使这对志同道合的好友相交30多年。对时事局势的相同感悟又使他们在十九世纪末共同踏上了实业救国、教育救国的道路。他们有事共同商量，互相协助，有暇则研讨经史，诗酒唱和。1926年8月张謇去世，沙元炳悲痛欲绝，次年初亦患病去世。

在张謇的思想主张与实际行动的影响下，沙元炳一方面大力支持张謇在南通创办近代教育和近代实业，另一方面自己在如皋兴办近代教育和近代实业，与张謇南北呼应，同时给张謇声援，帮张謇造势。在江海平原上近代化的历程中，沙元炳的贡献与影响虽不能与张謇相提并论，但他绝对是站在张謇身边的最坚定、最强力的支持者。

沙元炳告假回乡后，决心以兴学堂、办实业来拯救国难。他与张謇互相勖勉，踏上了相同的征程。无论在张謇创办实业还是创办近代教育的过程中，都可以看到沙元炳大力支持的身影。沙元炳全力支持张謇创办实业的情况后文将另有表述。在支持张謇兴办教育方面，沙元炳态度同样非常坚定。

光绪二十八年（1902），张謇向两江总督刘坤一和南通地方长官提出办师范学校的申请。张謇的提议得到刘坤一的赏识，却遭到一些旧官僚的阻挠，藩司吴重熹、巡道徐树钧、盐道胡延等同声阻拦："中国他事不如人，何至读书亦向人求法？"保守势力的阻挠让张謇非常苦恼。于是他召集罗振玉、沙元炳以及一些地方士绅讨论，得到沙元炳等人的大力支持。张謇遂毅然决定以自己出资和地方集资的形式创办民立师范学校。"他约请罗振玉、沙元炳详细商量私立师范学校的各项校规章程，对召集生徒，教习考核，生活管理等项，融中国传统办法与西洋经验于一炉，拟定了详细的条文。"① 随后又勘察地址，建筑校舍，自办师范。可以说，张謇创办私立师范学校是在公立学校一时无法筹建情形下的义愤之举。

沙元炳兴办近代教育时所遇的阻力并不亚于张謇，他后来曾回忆当初办学情形说："当是时，朝廷虽有兴学之诏，自大官长吏以逮有司，多口与而神拒，文趣而实尼。旧衿宿师，深恶害己，腾播讪谤，唯恐其成；颛愚氓隶，至目为海外异教，几同寇仇。而高訾富人方各私其塾，因仍故法，无由得其欤助。"② 他解剖了社会上各个阶层人物对于新学的态度，一针见血地指出朝廷虽有诏书，但无异于一纸空文，大小官吏，各级政府多是表面支持，口头拥护，内心反对，行动阻挠，一些守旧的读书人和私塾先生从私利出发，造谣诽谤，唯恐学校办成，愚昧无知的人甚至把学校看成是国外传来的异教，对此充满仇恨，有钱人维护自己的家塾，不思变革，新式学校也无法得到他们的资助。就在这样的艰难处境中，沙元炳义无反顾，勇往直前，顶住舆论压力，数次赴南通访问张謇、李盘硕等社会贤达，与他们商讨办学章程；和张謇去南京拜会张之洞，请示办学的问题；多次会见如皋知县陈崇燨，求得地方政府的支持。面对办学公费不足的经济压力，他抽出创办油厂和资助大生纱厂的部分款项，用来资助办学，终于成功创办了"如皋公立简易师范学堂"。

沙元炳大力支持张謇创办师范学校的提议，为张謇摇旗呐喊，在支持、协助张謇的同时，同样以惊人的毅力创办了师范学堂，并以自己在如皋的影响争取了政府的公款作为办学资金，这

---

① 陈有清：《张謇》，江苏古籍出版社，1988，第37页。
② 沙元炳：《丰利场公立两等小学校校长纪念碑》，《志颐堂诗文集》文篇卷中，第25页。

对南通的守旧势力也是一个打击。两位友人南北呼应，为江海地区乃至近代中国的师范教育做出了很大贡献。

第三节　胡瑗的影响

如皋历史悠久，名贤辈出。历史名人有三国时东吴大司马吕岱，宋代著名教育家胡瑗（胡安定），明末清初著名文学家、复社成员冒辟疆，著名戏剧理论家、小说家李渔等。在如皋历代名人中，特别是教育界中，最为著名的，有"前有胡安定，后有沙元炳"之说。沙元炳兴办近代教育的行动及理念，都深受胡瑗影响。

胡瑗在《松滋儒学记》一文中说："致天下之治者在人材，成天下之材者在教化，职教化者在师儒，弘教化而致之民者在郡邑之任，而教化之所本者在学校。"他的至理名言使如皋兴学重教蔚然成风，宋至明清，私塾遍于城乡。但大部分人家送子弟入塾读书不过是为了略通文理以图谋生，或以"学而优则仕"为追求。沙元炳虽然从"经史、制义"中取得了功名，但他关心时务，了解社会，知道依靠"四书五经"造就的人才，已不能适应时代需要。受胡瑗影响，他认为欲谋求富国裕民，必须广设学校，以经世致用之学推广教育。他在《丰利场公立两等小学校校长纪念碑》中说："盖教化大行之日，天下为公。凡以陶冶斯世者，胥于学出。自元首以至庶人，咸视为家国运命存亡之所系，不敢斯须去于学之中。人人务学，斯人人自为，三代之典，欧美诸邦之制皆此意也。"①

---

① 沙元炳：《丰利场公立两等小学校校长纪念碑》，《志颐堂诗文集》文篇卷中，第26页。

沙元炳对胡瑗这位乡贤中的杰出代表非常崇敬。有深厚国学功底的沙元炳曾广搜典籍，汇集胡瑗的言论，精心研读胡瑗的著作。沙元炳的好友金鉽说他"专致力乡邦文献，尝辑宋大儒胡安定（胡瑗）、王龙学（龙图阁学士王觌）佚书，复成完帙……"①在他的努力下，胡瑗著述中早已散佚的《中庸义》《周易口义》等著述都被辑录成书。沙元炳说："由尧舜以至战国，世变极矣，天乃生孟子以任道统之终。由孟子以至五季，世变愈极矣，天乃生先生以任道统之始。微孟子，则周秦诸子之异教无自而辟；微先生，则宋元诸儒之道学亦无自而开。"②沙元炳把胡瑗与孟子并列，充分肯定了他的地位，字里行间，充溢着对他的敬仰。沙元炳评价胡瑗说："先生（胡瑗）处绝学之后，起韦布之中，知无教不可以治国。"③因而沙元炳辞官回家后便立志教育救国，一方面大力继承和发扬胡瑗的教育思想；一方面高瞻远瞩，努力实践一些世界先进的教育理念。为国家的强盛培育人才。

胡瑗的教育观念中很强调"诚""实"，反对"伪""诈"，他在《周易口义》等作品中都有这样的论述。受此影响，沙元炳创建师范之初即以"真实"为校训，要求师生时时、事事，思想、行动，力戒虚伪浮夸，求真务实，做一个真正的人、实在的人。沙元炳创办的师范学校的学生深受沙元炳的影响。有学生在作文中写道"真者，伪之对也；实者，虚之对也。人心风俗之大害，皆此虚伪之一念误之"。"我校以真实二字为匾额者……亦以令学者触目惊心，常以虚伪为戒，作座右铭焉耳！学者苟能体此意，则悟厥真理，而事事不尚浮夸；持以实心，而念念皆能纯一，胥

---

① 金鉽：《志颐堂诗文集序》，《志颐堂诗文集》第1页。
② 沙元炳：《胡安定先生〈中庸义〉序》，《志颐堂诗文集》文篇卷上，第9页。
③ 沙元炳：《胡安定先生〈中庸义〉序》，《志颐堂诗文集》文篇卷上，第8页。

于此校训端其始基矣！"① 正如抗战胜利后，师范学校的《毕业纪念刊序》中所写的："本校自清末（清光绪二十八年）创立迄今，已逾四十年。初创人为皋邑沙健庵先生，本宋代安定先生遗规，树立经义治事各斋，造就实用人才……"② 本安定遗规，育实用人才，这就是沙元炳在兴办师范学校时一以贯之的主张。

胡瑗强调言传身教，《宋史·胡瑗传》里描写胡瑗在湖州教学时，"虽盛暑，必公服坐堂上，严师弟子之礼。视诸生如其子弟，诸生亦信爱如其父兄"。沙元炳继承、发挥了胡瑗的思想。沙元炳认为，教育者不仅仅要直接面对数十甚至数百个学生，而且，教育者的形象还通过学生反映到学生的父母兄弟等社会上更多的人中去，所以教育者的形象实际上是处于全社会的监督之下。如果教师仅做到挟一册讲稿，随着上下课铃声进出教室上课，根本不顾及个人形象，那是有负众望的。教育者必须起居动作、言语容止都要检点，符合规范，小至搞好卫生，大至道德行为、学问技艺，都要能作为学生的楷模，与学生朝夕相处，言传身教，这样才算尽了教师责任。

从如皋公立简易师范学堂创办初期的校歌歌词中，我们也可以发现沙元炳受胡瑗影响颇大。师范学校的校歌歌词为："浩浩泮水，巍巍学宫，我校位其东。经义治事，安定遗风，体用贵兼通。旧学沉沦，新知潮涌，两端执乎中。奠定邦家，化育童蒙，责任在吾躬。""安定遗风"表明了沙元炳创办师范学校的办学宗旨与胡瑗教育思想的渊源关系。胡瑗主张为师者要以"明体达用之学"教授学生。沙元炳创办了师范学堂后，继承和发扬了"明

---

① 如皋高等师范学校校史资料，学生作文《校训真实论》，佚名。
② 如皋高等师范学校校史资料，束荣松：《〈江苏省立如皋师范学校毕业纪念册〉序》，民国三十七年（1948）七月印。

体达用"的教学思想,"体用贵兼通"强调的也正是这一要求。"旧学沉沦,新知潮涌,两端执乎中"强调的是既不因循保守,又不盲目崇洋,既注重继承传统文化,又广泛吸纳外来文化,"两端执乎中"源于沙元炳对胡瑗《中庸义》的深刻理解。从歌词中也可以看出沙元炳对学校职能的理解,他认为办教育的作用和责任在于"奠定邦家,化育蒙童",这种"责任在吾躬"的精神表现出类似于"天下兴亡,匹夫有责"的强烈社会责任感,这与胡瑗忧国忧民,"不以一己为忧,所忧者天下;不以一己为乐,所乐者天下"的思想是一脉相承的。

第三章　如皋地区兴办实业的杰出代表

第一节　兴办实业的具体实践

如皋全境均为平原，境内最早成陆的地方至今已有六千年左右。从东晋义熙七年（411）置如皋县到清末约 1500 年的发展，重农业，轻工商的经济思想根深蒂固。沙元炳曾这样评说如皋："原陆之产，谷五、棉三、蓝二，无甚旱涝之害，编户畜豕岁数十万。远贾转贩，车船相望，安坐而收其息。其民敦愿纤啬，务稼而不择种，知蚕而不树桑，好积居而惮与时逐。重去其乡，狃于故俗，知工作而不能务智力以竞机巧。柏、楮、枲、竹之利委于地者不可胜数也。南贾苏沪、北贾淮扬，皆侨流客户，地著不过什四。"① 其意思是说如皋出产的物资，谷类占十分之五，棉占十分之三，靛蓝占十分之二，旱灾、水灾不多，每年农民养生猪数十万头。如皋的很多特产都由外地商人贩运。如皋人种田、养蚕都墨守成规，不肯离乡外出。只知体力劳动，不能运用智力创造发明。虽然榨油、造纸、编织的植物原料遍地，却不能利用，购进卖出的商人大部分来自外地，本地人不足十分之四。沙元炳的评说实际上阐明了如皋农业、工业、商业的良好基础与严峻现实的差距。为了改变如皋人的旧观念，推进如皋地区的近代化，沙元炳决定和张謇一起，振兴实业，发展经济，造福桑梓。

---

① 沙元炳：《如皋商务分会碑记》，《志颐堂诗文集》文篇卷中，第 31 页。

一、创办实业，发展地方经济

根据民国《如皋县志》《如皋文史资料》《先师沙碣髯先生事略》《沙元炳（健庵）先生事略》《东皋话旧》等资料的记录以及袁亮工、周思璋等老人和沙元炳后代的回忆，沙元炳南归故里后，先后在如皋及周边地区创办了广丰腌腊制腿公司、广生德中药号、大豫盐垦公司、皋明电灯公司、裕如钱庄、鼎丰碾坊等多家企业。在他的带动下，如皋许多富绅也纷纷投资创办近代企业，有的甚至卖掉祖上留下的田地，积累资金、创办工厂，使如皋地区近代化的意识不断加强，近代化进程大大加快。

1. 广丰腌腊制腿公司

沙元炳回到家乡后，一方面对张謇创办的大生纱厂进行投资，另一方面积极与如皋商界人士筹划，因地制宜，创办企业。他认为，利用如皋在历史上就是著名的生猪产区、出产的生猪量大质优这一基础，设立一厂，收购生猪，制成火腿、腊肉销往江南，必然大有利润可图。于是沙元炳发起召股，集资约 10 万银圆，在如皋城曹家桥西创立广丰腌腊制腿股份有限公司并自任董事长，重金聘请浙江义乌人季树椿为经理。季树椿老家为"金华火腿"产地，他本人对腌制火腿也很有经验。由于季树椿倾其所能、悉心指导，并严格按照"金华火腿"的标准选料加工，因此公司所产火腿质量上乘，可与金华火腿媲美。宣统二年（1910）六月，两江总督兼南洋通商大臣张人骏在南京举办"南洋劝业会"，广丰腌腊制腿公司将火腿送会参赛，获得优异荣誉奖。民国三年（1914），在美国旧金山举办的"巴拿马太平洋世界博览会"上，广丰腌腊制腿公司的火腿一举获得金奖。其后在历次

"江苏省物品展览会"和"西湖博览会"上都获得优秀奖项。由此,如皋火腿一跃而与浙江金华、云南宣威所产火腿齐名,合称"中国三大名腿",又因如皋相较其他两地而言,地理位置上在北侧,所以又有"北腿"之称。后来,广丰腌腊制腿公司在上海小东门设立销售部,将火腿大量销往上海,然后又转运至南洋和欧美各国,最高时年产竟达 6 万余只,产值近 20 万银圆。沙元炳去世后,上海的一家"中国制腿公司"来如皋开办毛猪加工厂,就地收购生猪加工成火腿、风肉、咸肉运往上海、国外销售。该公司有外资支撑,资力雄厚,提价收猪,又有国家实业部批准的出口专卖特权,所以很快垄断了如皋市场,广丰腌腊制腿公司深受排挤。

2. 广生德中药号

清朝后期,如城内外有药铺 20 多家经营药材批发,其中只有浙江兰溪人开的诸葛实裕和慈溪人开的永懋慎两家资金雄厚,其余都是中小零售店。如皋农村所产动、植物药材无人收购。沙元炳于是与城里的钱莲塘、汪云龙等人合资 1 万银圆,创设广生德药材行于如皋城丰乐桥西西典巷内,民国元年(1912)开业,聘慈溪人童祖余为经理,经营药材批发和收购地产药材。其后,沙元炳又继续召股,有祝、董等姓富绅和西典管事赵日昌、定慧寺监院僧凌云等人增资 1 万银圆,于民国三年租赁如城丰乐桥东的店房一所,前后共 60 多间,开设广生德新记中药号,零售饮片和丸散膏丹、花露、药酒,进而经营药材批发和收购。原来的药材行房屋做货栈,养有梅花鹿,作为制造"全鹿丸"之用。广生德新记中药号有店员、工人共 40 多人。1950 年广生德中药号收归国有,1954 年改为公私合营。

3. 大豫盐垦公司

明清以来，苏北沿海涨出不少陆地。这些地除作为盐场之外，大部分是闲置的荒滩。光绪二十七年（1901）十月，张謇、汤寿潜、李审之、罗振玉等人发起成立通海垦牧公司，公司由张謇任总理，在苏北沿海移民垦殖。此后，沿海地区逐渐掀起成立农垦公司的热潮。在这个潮流中，沙元炳也召股集资150万银圆，在如皋东侧的掘港场南滨海地区成立大豫盐垦公司。民国六年（1917）六月公司成立，由沙元炳任董事长，龚应生任经理。公司总面积48万亩的土地上主要种植棉花，佃农来自崇明、启东、海门、如皋等地，隶属于"通泰盐垦五公司"。因原来的投资仅够收购荡地之用，开河、筑堤、建闸只好发行债票，每年要付出大量债息。近来，南通发现民国十五年（1926）发行的"通泰盐垦五公司第一期债票"，债票定额三百万圆，面额壹千圆。印有"通泰盐垦五公司董事会代表大豫公司沙健庵"等字，并有沙元炳的印章。债票随后进入拍卖市场，在拍卖市场至今仍可见它的身影。由此可知，沙元炳担任该公司董事长直至去世。

4. 皋明电灯公司

民国七年（1918），沙元炳与堂弟沙元榘等人合议创设电灯公司，他派人到外地参观，编造预算，召股投资，定名为"皋明电灯股份有限公司"。但当时如皋人还不能正确认识电灯这一新事物，故敢于投资者寥寥无几。所以，沙元炳与他的女婿孙恩复等5人带头认股3万银圆，又在南通集资3万元解决创办资金问题。公司成立后，沙元炳任董事长，聘南通人蒋孝纯为经理，租赁东水关内冒姓房屋数十间，购买了75千瓦和55千瓦的柴油发电机各一台，发电供城区照明。由于电力不足，光照不强，用户不多，因此开业后入不敷出，逐年亏损。为扩大规模效益，降低电费价格，公司于民国十年（1921）增购125千瓦发电机一台。后因管理不善，账目不清，通如两地股东发生矛盾，南通股东抽退资金，蒋孝纯辞职，公司濒于停产。随后，沙元炳委任道其南暂代经理，又请时任江苏省财政厅厅长的李锡纯出面扩股10万元，将公司改名为"耀如电气公司"，继续维持公司的正常运转。沙病逝后，李锡纯继任董事长，大力整改，在东门外老坝头北通扬河畔购地7亩，砌建厂房，增加设备，业务逐步发展，转亏为盈。耀如电气公司一直经营到新中国成立以后。

5. 裕如钱庄

光绪二十年（1894），裕宁官钱局在如皋设分局，办理收纳税款、兑换银钱、调节银价、熔铸银锭和汇款。民国成立，官钱局撤销。这时如皋城内仅有钱庄3家，全县田赋由鸿康钱庄代收。民国十年（1921）左右，沙元炳在其住宅南侧创设裕如钱庄，资金约12000银圆，大部分是如皋县水利会和清丈局的暂存公款。沙聘请安徽祁门人谢子惠为经理，江苏江都人丁西源为副经理兼会计，有店员10多人，办理存款、放款、汇划和代收田赋业务。沙元炳去世后，军阀孙传芳的残兵败将经过如皋，勒索军饷数万元，县知事周焘七拼八凑，将水利会、清丈局余款全数托出，裕如钱庄由此周转困难。民国二十三年（1934），受中国银行委托，代该行推行纸币。二年后，如皋县财政困窘，积欠公职人员和教员的薪水，印发"田赋预征券"以代货币，裕如钱庄因无法垫付而倒闭。

6. 鼎丰碾坊

清朝初年，有一安徽休宁人在如皋城内丰乐桥西开设典当和碾坊，至清末时已衰落。典当让给同乡；碾坊于民国十一年（1922）售给沙元炳，改名"鼎丰碾坊"。沙元炳聘鲍怡轩为鼎丰碾坊经理，有职员工人10多人，有碾座3台，代客加工碾米，并自购稻谷碾米出售。

沙元炳积极创办近代企业的活动从1898年辞官回故里一直延续至1927年1月去世。如果把他的这些活动放到中国近代史的大背景下去考察就会发现，他的活动实际上就是甲午战争后中国民族资本主义发展在如皋地区的一个缩影。沙元炳创办这些实业的情况，基本符合当时中国民族资本主义发展的时代特征：

（1）沙元炳创办实业开始于十九世纪末二十世纪初，这一时期，正是中国民族资本主义获得初步发展的时期。由于甲午战争后列强对中国侵略加剧，中国自然经济遭进一步破坏，清政府为扩大税源、解决财政危机，只得放宽对民间设厂的限制，加之1901年清政府实行"新政"，奖励实业，所以中国出现了一个兴办企业的小高潮，沙元炳创办实业是这个高潮的组成部分。

（2）沙元炳创办实业的黄金时期同样也出现在1912—1919年间。这一时期，辛亥革命扫除了民族资本主义发展的一些障碍，列强忙于第一次世界大战又客观上放松了对中国的经济掠夺，加之实业救国思想的推动，民族资本主义发展迎来了短暂的春天。

（3）沙元炳创办的实业与中国近代民族资本主义企业一样，受到来自外国资本主义（如广丰腌腊制腿公司的资金）和本国封建势力（如裕如钱庄被军阀盘剥）的双重挤压，也还存在着资金少（如大豫盐垦公司）、规模小（如鼎丰碾坊）、技术力量薄弱（如皋明电灯公司的发电技术）等方面的困难。

二、建立商会，促进商业发展

1. 创立如皋县商会

清代以前，如皋县已有多个商人自发组成的地区性会馆，如江西会馆、山西会馆、闽中会馆等等；还有各行业自行组织的同业公所，如铁业公所、肉店公所、面店公所、烟店公所等等。这些会馆和公所互不统属，大多是同乡或同业之间的聚谈，为了维护各自的切身利益。

光绪二十九年（1903），在郑观应、康有为、张謇和一些清政府官员的呼吁下，清廷在中央七部之外新设立了商部，作为统辖农、工、商、实业的最高管理机构，"以为振兴商务之地"。商部成立后，初期的重要活动之一就是全力推进各级商会的建立。1904年清廷颁布的《禀定商会简明章程》就规定："凡属商务繁富之区，不论系会垣、系城埠，宜设立商务总会；而于商务较次之地，设立分会，仍就省分隶于商务总会。"

沙元炳对商业的发展给予了高度重视，他认为商会可以在规范商业的管理、繁荣本县的经济中发挥重要作用，因而对商会寄予厚望。他在《如皋商务分会碑记》一文中，用大量文字论证了中国古代从神农氏开始就非常重视商业发展的事实；高度赞赏了在历史著作中用《货殖列传》记录经济问题的司马迁；推测欧美等国家国力强盛的一个重要原因就是商业中的规范竞争[1]；提出了在商业竞争中"无法以范之，其弊必至"[2] 的观点。朝廷诏令既出，沙元炳积极响应，他不仅在如皋创立了商会，继而还对照商部的要求，在如皋全境兴修水利、清查地亩，在这一系列活动中发挥了举足轻重的作用。

1903年，沙元炳与地方乡绅汪子霖积极谋划，筹建"如皋县商务分会"。他们召集如皋各行业业董开会，大力宣传商会的职能与作用，号召大家共同努力，创建商会。经过一年多的筹

---

[1] 沙元炳：《如皋商务分会碑记》，《志颐堂诗文集》文篇卷中，第29—30页。
[2] 沙元炳：《如皋商务分会碑记》，《志颐堂诗文集》文篇卷中，第30页。

备,"如皋县商务分会"成立了。众人还集资4000多银圆,购得如皋广福寺西边的土地和这块地上的旧房屋,经两年施工,改建了旧房屋,新建了一部分房屋,构成了商务分会的办公场所。光绪三十二年(1906),"如皋县商务分会"迁入新地点办公。其时,清政府已专设农工商部,各省商务局及所属商会均隶属之。

2. 如皋县商会的人事更迭与沿革

商会创立后,先称为"如皋县商务分会",民国以后更名为"如皋县商会",主持工作的人也相应由"总理"改称"会长"。商会总理(会长)的任期为一年,逾年改选。从清光绪二十九年至民国十二年(1903—1923),沙元炳连选连任县商会总理(会长)达20年之久。

商会设理事会,由各主要业董组成,最初称为商业董事会。县商会在正副会长以下设文书、调解、总务三室。宣统元年(1909)《如皋商务分会职员姓名录》记录,"如皋县商务分会"有本城会员(各业代表)40人,分属于28个行业,其中包括典当、钱庄、银楼等金融企业和碾坊、油坊、槽坊、染坊等手工业作坊。另外在当时如皋县境内各处的9个大镇各设分所,各会所均选会董1人。由此大抵可见当时"如皋县商务分会"的规模和所起的作用。

3. 沙元炳任商会会长时期商会的活动与作用

商会在最初订立的章程里"阐明宗旨有四:(甲)保护商业;(乙)联络商情;(丙)开通商智;(丁)考核商品"①。在沙元炳主持商会工作期间,商会按照以上宗旨做了很多工作,分列

---

① 周思璋:《沙元炳对如皋的贡献》,《东皋话旧》,《江海文库》(第三辑),南通市文学艺术界联合会,2006,第35页。

如下：

先后参与集资倡建了大咸盐栈、广丰火腿栈、因利布厂（因得布厂）、耀如电灯公司、广生德药店、新生港长江大通轮船公司、皋明电灯公司、广生油厂等实业。

多次处理行业纠纷和经济纠纷，议定物价，校正度量衡，分摊捐税。例如，调解了如皋大咸盐栈与如皋酱槽业大户购买私盐引起的纠纷，平息了争端。

组织地方产品送南洋劝业会、世界博览会、江苏省物品展览会展出，不少产品获得大奖，进一步提升了如皋商品的知名度。

清宣统三年（1911），为了维持地方治安、保护商业，筹建了地方协防团。

辛亥革命时，为支持南京临时政府遣送客军的财政需要，如皋县商会与其他有关县商会共筹集提供了20万银圆。

民国二年（1913），张謇创组南通、如皋、海门、崇明、泰县、东台、泰兴等七县总商会。在筹建总商会会舍时，如皋县商会与参加总商会的各县商会共同负担了20余万银圆的建筑费用。

民国十年（1921），苏北发生大水灾，商会组织粮商，赶赴上海购买大批"仰光米"[①] 救济灾民。

三、设置机构，管理农田水利

为了管理农工商业，清政府于戊戌变法时曾设立农工商总局和铁路矿山总局。清末新政时，曾于1903年设立商部，1906年改设农工商部和邮传部。这两次改革都体现了对农业的重视，具体措施也有下令清查土地、鼓励开荒屯田、设立垦务公司、创办

---

① "仰光米"是由缅甸进口的大米，因大米多由缅甸的仰光运出，经香港到上海，所以有"仰光米"的叫法。

农业学校等。而清朝后期民国初年的如皋，境内多处堤闸失修、河道淤塞。田地簿册多年无法核对，田赋征收的依据混淆不清。田赋的征收者常常借机欺上瞒下，想方设法中饱私囊。为修浚堤闸、疏通河道、清丈土地、整顿田赋，沙元炳于民国初年作为发起人在如皋先后成立水利会、测绘局、清丈局等机构且长期主持这三个机构的工作。

（一）主持如皋县水利会及附设测绘局的工作

如皋县水利会及附设测绘局成立于民国三年（1914）秋，会址最初在如皋县城的老人民剧场（现已拆除），后迁移至如皋县立师范学校西侧。从1914年开始，沙元炳一直担任如皋县水利会及附设测绘局的会长，直至他病故。

水利会设会长、副会长、坐办各1人，设评议员18人（全县每个行政区1人）。

测绘局设主任、副主任、文牍、会计各1人；工作成员有测量员30多人，制图员3人。测量员、制图员多数是如皋县立师范学校附设测绘专修科毕业生。

水利会及附设测绘局之经济来源，是在1913年筹备时，报请江苏省公署核准，在如皋县田赋秋征时，每亩带征水利经费二分，连征三年，共十八万元。

测绘局先后工作六年，1921年如皋县清丈局成立，原测绘局全体人员任职于清丈局。1927年春，北洋军阀残余部队驻如城三个月，勒索军饷，其时正当会长沙元炳刚刚病故之际，县长周焘将水利余款托出，以解燃眉之急，水利会活动从此基本停止。1928年如皋县建设局成立，兼管水利，水利会正式宣告解散。

沙元炳主持如皋县水利会及附设测绘局的10多年间，主要工作分列如下：

1. 主要修浚工程

造闸：建新生港船闸一座，周圩港闸一座；

修坝：修李家桥利民坝一次；

修范公堤：1926年春大修如皋境内（掘港、苴镇、丰利）范公堤一次；

修海堤涵：修黄沙洋三孔石涵一次（如皋东台两县合办）；

浚河：疏浚运盐河（近城段）、小溪河、北串场河、堡河、如靖界河、菱河等。

2. 主要测绘工作

设置全县水准标志，以南门外闸桥标志为假定高出海平面三十米水准计算，分组测量了县境内各大河及其支流；

测绘全县（包括现在如东县的大部分）地形图五万分之一图一幅，十万分之一图八幅；

测绘全县河道地形图；

测绘河道横、纵断面图。

3. 保护如皋沿江免遭冲刷

二十世纪二十年代初，有外国工程师考察长江下游后提出"自江阴、靖江两县东下，束狭江流，两岸可涨沙田若干万亩"的建议。于是长江下游南岸的江阴、常熟、宝山、上海、崇明和北岸的靖江、如皋、南通、海门九县的地方人士，组织成立"长江下游九县治江委员会"。在"长江下游九县治江委员会"大会上，江阴、常熟两县提出在长江南侧的段山筑坝，阻止江水，涨出沙田。但段山若筑坝，江水必然冲刷北岸，导致南涨北坍，如皋、靖江沿江江岸必然坍塌，后果不堪设想。所以如皋、靖江两县坚决抗议。江阴、常熟两县固执己见，并发表"如、靖两县在天然淘汰之列"的言论。如皋县水利会会长沙元炳认为，筑坝计划是牺牲江北两县的利益去满足江南诸县的利益，而"淘汰"的言论是对如皋、靖江两县的侮辱。沙元炳于是联合靖江发表公开声明，宣布退出"长江下游九县治江委员会"，外国工程师这个原本就不科学的计划因之破产，如皋沿江也免遭冲刷。①

4. 保护如皋部分农田免遭旱灾

1923年南通旱情严重，如皋县地势较高，所以旱情更为严峻。靠近海安的万民涵洞是上下河水道的咽喉，如皋赖以潴水灌溉农田，免遭干旱。而当时的下游地区要求开涵放水。韩紫石也来信劝说沙元炳开闸放水。沙元炳为此亲自去海安实地勘察，发现不开涵放水下游一带也可维持；但若开涵放水，则如皋一部分农田必遭旱灾。事关农业生产大计，他据理力争，经过相互协商，终于平息了纠纷，如皋县部分地区的农田得以转危为安。此事在如皋一带的农民中曾广为传颂。

(二) 主持如皋县清丈局工作

辛亥革命后，如皋欲效仿昆山、宝山、南通等县测量土地、按图计积。有鉴于此，地方有识之士商量成立专门的丈量机构，如皋清丈局就是在这样的情形下创立的。

如皋县清丈局成立于民国十年（1921）春，清丈局设局长1人，副局长2人，正副主任各1人；绘图股长、计算股长、造册股长各1人；另有稽察、宣传员、图册保管员各2人；丈量组长、抽丈各6人，造册员和丈量员共60人。

清丈局成立后，沙元炳一直担任局长直至病逝。在沙元炳的

---

① 根据袁采之老人的回忆文章《长江下游九县治江委员会之一幕》整理，载于如皋县续编县志办公室编印的《如皋县文史资料选辑2》，1980年9月印，第45—46页。

主持下，如皋开始逐区逐乡清查田地：按每丘（量词，指用田埂隔开的大小不同的田块）四址丈量，积若干丘为一段（三百亩左右），一丘一号，段图成功后，经抽丈员检查无误，由组长亲送到局里保存。图上详细标出地名、河、路、每丘四址。如在丈量中发现界址争执，可经地方董事调解。

清丈局内计算股的工作是：根据每丘地形制成相应的几何图形，计尺寸，抄录算式于簿册，由计算员依此算出现丈亩积数，再由复算员复核无误。绘图股的工作是：绘制每段成幅清图；绘制缩小若干段的地形图（地保所管辖区域图）。造册股的工作是：由造册员造鱼鳞册，册内有号次、业主姓名、住址等，同时填写"执业方单"和存根，内容与鱼鳞册同，送县级机关加印，发给业主为证。

清丈局的工作求真务实，到沙元炳病逝时，已基本将全县各区熟田丈量结束，仅余沿海的灶田（烧盐、堆盐的）和江滨新涨的沙田以及市区内土地没来得及丈量完成。1928年，江苏省政府土地整理委员会成立，训令如皋县清丈局停办，暂交建设局接管，清丈局遂告结束。①

四、重视西医，推广近代医学

沙元炳博览群书，博学多才，对医学也颇有研究。沙元炳医术高明似乎鲜为人知。他的母亲孙濂贞夫人，知书达理，通晓星象、卜筮、医药、种艺诸学。沙元炳应该是受到母亲的熏陶，医术高明但并不张扬。

---

① 以上水利会、测绘局、清丈局的内容，根据《如皋县水利会、测绘局、清丈局始末》一文整理，该文由袁亮工老人口述，周思璋笔录，载于政协如皋市委员会文史资料研究委员会编印的《如皋文史资料》（第八辑），第59—63页。

关于沙元炳的医学水平，有一个有力的证明，那就是张謇非常信服沙元炳的医术，常请他为自己或自己的好友治病，特别是张謇经常请沙元炳为他的挚友沈寿治病。沈寿40岁后一直体弱多病，张謇极其关心她的衣食住行、身心健康。在张謇延请的为沈寿治病的医生中，沙元炳是最重要的一位。张謇在自己的《柳西草堂日记》里也多次记录了沙元炳为沈寿治病的事，遇到病情急切时常"专轮延健庵为雪君（沈寿，号雪宧）治病""雪（沈寿）病大剧，卜不吉，亟专轮延健庵"。为医治沈寿，沙元炳每请必到，不辞劳苦地奔波于南通、如皋之间。当然，他也没有辜负众望，每每药到病除，展示了自己高明的医术，堪称一代名医。张謇也在一九〇五年九月十二日的日记里赞誉："健庵于温病条辨，致力颇深，故药率当病，病率应药"；在一九二〇年十一月二十九日的日记里赞誉："健庵于医学诣殊有得，雪（沈寿）剧病三次，皆至可虑，皆健庵应手而平也。"

沙元炳乐善好施。旧社会每逢灾荒年，如皋城的一个道观——灵威观就会经常赈粥，瘟疫流行时则无偿施药。沙元炳回乡后也加入了慈善事务。民国时期，如皋的慈善机构每年夏秋组织施药8个月。其中沙元炳家单独承担1个月，其余由城内三大中药店、定慧寺以及其他善男信女捐赠。

民国六年（1917）七月，上海疫疠流行，传染至南通。这时日本千叶县医药专科学校毕业的如皋人黄家政（季平）在南通医学院任病理教授，立即向如皋县县长刘式撰和沙元炳报告此事。沙和刘召集官员绅董会议，在德辅医院内设立防疫公所，沙元炳任所长，主持防治工作。黄家政又从南通请来西医数人协助治疗。因防治及时，未致蔓延。事后，沙元炳撰文记录此事："阅日三十八，疫者八百十九，经医士诊疗者六百十六，死者四十一。"① 由此事，沙元炳对"泰西防疫之法效"有了新的认识，认为用西法新药治病疗效比中药快，决心在如皋创设一所科室齐全、规模较大的医院，这个想法得到黄家政的支持。1919 年，沙元炳协助黄家政在沙家河塘创建"如皋县公立医院"。"内设内科、外科、皮肤科、妇产科等。黄季平任院长。医生有胡伯立、胡晋侯、丁志中、黄仰梅、楚朴求等。"② 如皋城的普通居民由此可以享受到西方医学理论、医疗器械、西式新药的治疗。沙元炳于民国十一年（1922）被如皋中医医学公会推选为名誉会长。民国十四年（1925）又被推举为如皋医学研究社会长。民国十八年（1929），公立医院迁至益人桥河南新建的楼房内，陆续增添了设备器械，相关科室全部设置齐全。民国二十四年（1935）"如皋县公立医院"改名广济医院。1938 年春因日寇入侵而解散。

第二节　全力支持张謇兴办实业

沙元炳不仅在如皋地区创办了诸多实业，而且积极支持张謇在南通、江苏，甚至更大的范围内创办实业。

张謇创办实业之初，中国民族资本主义的原始积累困难重重。当然，当时中国的社会资金并非绝对匮乏，还是有一部分官僚、地主、商人拥有不少财富的。问题的关键在于，这些人中的大部分并没有投资近代实业、发展中国民族资本主义的理念。因而张謇奔走于朝野上下，周旋于官商之间，四处筹资募款，历尽

---

① 沙元炳：《如皋防疫公所成绩书序》，《志颐堂诗文集》文篇卷上，第 35 页。
② 沙彦高：《沙元炳（健庵）先生事略》，《如皋文史资料》（第三辑），第 4 页。

了千辛万苦。面对资金方面的困难,张謇经常请沙元炳一起商量解决问题的办法,这一点,张謇的日记中有不少记载。而每当此时,沙元炳总是坚定地站在张謇身边,"全力资助张謇兴办实业,投资大生纱厂、复兴(新)面厂、通海垦牧公司等企业"①。除此之外,沙元炳还"与张謇合办大达内河轮船公司,1902年办成营业"②。《张謇为大达内河小轮公司注册事呈工商部函》里清楚地写有"创办人及查察人姓名住址:创办人张謇住南通县、沙元炳住如皋县。查察人张詧住南通县"③。

以广生油厂创办的历程为例,也可以了解沙元炳对张謇创办实业是如何大力支持的。创办广生油厂原本是沙元炳的主张。"沙元炳见如皋西南乡盛产花生和黄豆,拟在石庄镇创设广生榨油公司,计划集资规银5万两,已有不少人认股投资。后因龙游河航道不畅,张謇规划以海边垦区所产棉花供纱厂纺纱,棉籽供油厂榨油,小麦给面粉厂制面粉,配套形成农工联合企业;且通扬运河有轮船运输。最后决定油厂也设在唐家闸。"④油厂于1903年开工生产,沙元炳担任油厂总理。开工后,因所产棉油未经提炼不能吃,于是聘请德国化工技师研究提炼技术并派人专门学习,但收效甚微,业务不能发展,沙元炳为此操劳成疾。民国初年,广生油厂又陆续扩充增资,新中国成立后,广生油厂改为南通唐闸油脂厂。

根据统计,沙元炳曾投资于大生纱厂、广生油厂、复新面厂、资生铁冶厂等实业;还投资于上海长江大达轮船公司、通扬

---

① 南通市档案局(馆):《大生集团档案资料选编:大达内河轮船公司》,2009年3月,第4页。
② 同上。
③ 南通档案馆现存档案,档案号B411-111-6。此件是张謇函稿,撰于1913年。
④ 周思璋:《沙元炳对如皋的贡献》,《东皋话旧》,《江海文库》(第三辑),第35页。

内河轮船公司以及东台沿海各垦牧公司。尽管缘于种种原因，沙元炳在张謇创办的企业里究竟有多少投资还不能确切统计，但沙元炳资助的方式是基本明确的：一是个人投资，二是以自己在如皋地区的影响，发动如皋乡绅、董事集股投资。

第四章　如皋地区创办近代教育的先驱

第一节　创办近代教育的具体实践

沙元炳虽然经科举考试取得功名、进入仕途,但他关心时事,深知依靠"四书五经"造就的人才不能使国家富强。他认为欲谋求富国裕民,必须广设学校、推广教育。他说:"盖教化大行之日,天下为公。凡以陶冶斯世者,胥于学出。自元首以至庶人,咸视为家国运命存亡之所系,不敢斯须去于学之中。人人务学,斯人人自为,三代之典,欧美诸邦之制皆此意也。"① 他决定以实际行动开启如皋近代教育的新局面。

光绪二十七年(1901)九月,清政府颁布兴学诏,"著将各省所有书院,于省城均改设大学堂,各府厅直隶州均设中学堂,各州县均设小学堂,并多设蒙养学堂"。次年,两江总督张之洞委派退休的福建布政使周莲(子迪)到如皋与沙元炳兴办学堂。周莲因年岁已高而未曾全部参与。沙元炳于是联合举人马文忠(芷洲)、拔贡张藩(树屏)等人开始创办小学堂、师范学堂和其他实业学校。

一、创办新式小学,夯实基础教育

清光绪二十七年(1901)八月,沙元炳联合张藩、马文忠等

---

① 沙元炳:《丰利场公立两等小学校校长纪念碑》,《志颐堂诗文集》文篇卷中,第26页。

人，在城内东南隅定慧寺河北常胜庵内创设了第一所小学堂——如皋小学堂。① 沙元炳担任堂长（即校长）。"如皋小学堂"得风气之先，发如皋新式学校之端。光绪三十一年（1905），为便于师范学校的学生实习，沙元炳将"如皋小学堂改为师范附属小学堂……于宣统二年（1910）将附属小学堂迁到孔庙内"②。当时的主事（即校长）为何景平。这时有教职员 16 人，8 个班级，学生 208 人。1912 年，改称"如皋县立师范附属小学校"。1927 年国民政府成立后，改名为"如皋县立实验小学"。1932 年称"江苏省立如皋师范学校附属小学"。此后数度分合、迁址、更名，1974 年改称"江苏省如皋师范附属小学"。这所小学至今仍是如皋境内办学设施最全、师资力量最强的小学。

除此之外，"光绪三十一年（1905），沙元炳在安定书院原址创办城市第一初等、高等学堂。沙元炳是首任校长，许情荃是副校长。此时兴建一幢二层的教室楼，计有教室 8 个，班级 5 个，共有师生 181 人"③。

二、创办公立师范，培养新型教师

"如皋公立简易师范学堂"创办于清光绪二十八年（1902）。沙元炳在协助南通张謇创办"通州民立师范学校"的同时创办该校。"如皋公立简易师范学堂"是全国创办最早的、独立规范设置的公立师范学校之一。

"光绪二十八年三月至五月间，翰林院编修沙元炳两次赴南

---

① 周思璋：《清末民初如城的庙产兴学和僧办教育》，《东皋话旧》，《江海文库》（第三辑），第 141 页。
② 同上。
③ 顾肇甲：《从安定书院的渊源说到安定小学》，《如皋文史资料》（第三辑），如皋文史资料研究委员会，1987，第 135 页。

通与张謇、李磐硕等研究办理公立师范学堂办法和章程。"① 对此，张謇在日记里也有明确记载。9月24日，"如皋公立简易师范学堂"开学，江苏提督学政李殿林任命沙元炳为"如皋公立简易师范学堂"总理。沙元炳聘请了张藩、马文忠为副办，唐镛为文案，陈鸿恩、沙文谟为正副收支，开始不辞劳苦，四处访贤，建设校舍、聘请教员。十月，"张督自两湖移两江（张之洞署理两江），邀余（张謇）与沙元炳议设学校，遂与沙分主通州、如皋师范事"②。沙元炳与张謇同赴南京，参观府办学堂并拜见张之洞，具体禀报开办师范学校相关事宜。

办学之初，沙元炳事必躬亲，他选定当时如皋城东南隅"于道德、卫生无妨之地"——位于集贤里的常胜庵和南东岳庙为校址。这里清旷人稀、空气新鲜，护城河两岸树木葱葱，对岸定慧禅寺香烟缭绕，实在是良好的学习环境。可当时，"据说南东岳庙的住持不肯搬迁，居然把沙元炳告上公堂，沙元炳力排众议，砥柱中流，方才完成了定址之事"③。在那个封建迷信尚有较强影响力的时候，沙元炳有如此举动实属不易，足见其非凡的勇气和胆识以及创办师范学校的急切心情。

校址勘定后，为解决公办经费不足的问题，沙元炳毅然从资助广生油厂、大生纱厂的资金中抽出一笔用于创办学校。1902年底，沙元炳、马文忠、张藩决定"参照日本弘文学院校舍建筑图样兴建校舍"④。然后，"委派收支陈鸿恩、副收支沙文谟等负

---

① 江苏省地方志编纂委员会：《江苏省志·教育志（下）》，江苏古籍出版社，2000，第694页。
② 刘培林、张德义：《张謇传》，江苏文艺出版社，1992，后附《大事年表》第9页。
③ 黄天铨：《雉水之滨的百年名校》，《古邑如皋一片金》，黄山书社，2002，第46页。
④ 黄天铨：《雉水之滨的百年名校》，《古邑如皋一片金》，第46页。

责督工，先后兴建楼房 5 座，平房 9 座……加上修缮的庙房共 174 间"①。于 1903 年底全部竣工。"新建的校舍既继承了中国传统书院建筑风格，又借鉴了日本近代学院的布局结构，整个建筑分东、中、西三院。"② 各室之间均有通道相连，下雨天从宿舍至讲堂、自修室、膳堂、厕所等处，不需雨具。一百多年来，其创校之初的书院式原始建筑群得到较好的保护，是我国独存无二的早期师范原始建筑。该建筑 1995 年被列为江苏省第五批文物保护单位，并在 2009 年正式申请第七批全国文物保护单位。

最初，学校开设简易师范科，招收学生施以短期训练，充任小学和学塾师资，以应社会之急需。1903 年 11 月，沙元炳"报请县、省提督学政批准后，着手招收师范本科生。试卷由江苏提督学政李殿林令学务局认真审查修改，试题以中国文学和中国历史为主"③。考生"考试成绩及格，身体健康，品行端谨者，由考生家长邀请正副保人出具保结备案，方可入学。还需经过 4 个月试学，资性品行确实相宜者，始得转为正式师范生。已经入学之新生，还须自行出具保证，言明毕业后必须勉力从事本县小学堂教学六年"④。招生通告发布后，"如皋和邻县的贡、廪、增、附、监生以及部分学塾教员，纷纷报名应试。第一届师范本科（相当于后来的中师）只招收 14 名新生，而报名者竟多达 300 余人"⑤。

学校创办之后，声名鹊起。1905 年初，两江总督周馥莅临视察，勉励诸生勤奋攻读。对沙元炳办学有方，予以嘉许。1907 年，清廷大臣郑孝胥来校视察，沙元炳请郑题词，郑乃手书"师

---

① 江苏省如皋师范学校校史编写组：《百年如师》，2002，第 13 页。
② 黄天铨：《雉水之滨的百年名校》，《古邑如皋一片金》，第 46—47 页。
③ 《百年如师》，第 14 页。
④ 同上。
⑤ 同上。

范学堂"四个大字,后来张謇先生又补书"如皋"二字,如今这六个擘窠大字仍一起镶嵌于"如皋公立简易师范学堂"旧址中四院的影壁上。

"如皋公立简易师范学堂"创办初期的办学经费由如皋县政府出资,款项主要有以下几方面的来源:

> 如皋县内原来的乡试、会试学田划出6460.141亩由师范学堂收取租金5388枚银圆;固定拨给公款3101枚银圆及该款存典(如皋的万鸿、永和、程善泰、金泰熙和公泰五个典)息金250枚银圆;位于县城内原来的公房152.5间划属师范学堂,收取租金168.15枚银圆;如皋县五种捐,即猪捐、腿(火腿)捐、油箱捐(榨食用植物油)、丝捐和靛捐中,每年抽出3860枚银圆给如师。[①]

以上各项合计为12767.15枚银圆,平均每个学生占费达80枚银圆。

沙元炳创办这所师范学校的速度之快令人惊奇、令人佩服。学校的建立开创了如皋及周边地区师范教育之先河,为该地区近代教育事业的发展奠定了坚实的基础,其辐射力与影响力不可小觑。还有一点需要说明的是,沙元炳倡办的这所师范学校在此后百余年时间里,原址、原房、原方向办学一直未有变更,堪称中国师范教育活化石。古建筑专家陈从周曾评价它为"我国师范学校中保留原有风貌唯一完好的物质文化遗存"[②]。一百多年的风雨沧桑,这所学校校名的沿革也许就是一部中国师范学校的发展历史:

1902年:如皋公立简易师范学堂
1905年:如皋初级师范兼附属高等小学堂

[①] 《百年如师》,第25页。
[②] 如皋市档案局(馆):《经典如皋》,方志出版社,2007,第164页。

1908 年：如皋初级师范兼中学附属两等小学堂

1912 年：如皋县立师范学校

1921 年：江苏省第二代用师范学校

1927 年 8 月：第四中山大学区立如皋中学（中央大学区立如皋中学）

1929 年 9 月：江苏省立如皋中学

1932 年：江苏省立如皋师范学校

1939 年 8 月：江苏省立第三临时师范学校

1942 年 2 月：苏北公立如皋师范学校（伪政府设立）

1945 年 2 月："江苏省立第一临时师范学校"改为"江苏省立如皋师范学校"，在泰县复校，1947 年迁如

1949 年 8 月：苏北如皋师范学校

1952 年 12 月：江苏省如皋师范学校

2005 年：如皋高等师范学校，增挂"江苏教育学院如皋分院"校牌①

三、创办其他学校，推广实业教育

1. 测绘专修学校

县测绘局成立后，因测绘员人数有限，不能满足实际需要，为培养人才，1906 年下半年，沙元炳和张藩筹办了"测绘专修学校"附设于如皋师范，第一期招收学生 32 名，学制 2 年，到 1908 年上半年毕业。测绘专科学校的毕业生在如皋水利会、测绘局、清丈局工作的很多，为丈量土地，绘制全县地图，疏浚河道，修筑堤闸，发挥了重要的作用。

---

① 《百年如师》，第 6 页。

2. 如皋商会私立乙种商业学堂

如皋商务分会成立后,沙元炳为了培养新型的商业人才,于1906年"在如皋城内范家桥南的继善堂设立商业学堂。创办经费由商界捐助,沙自捐数千银圆。常年经费由商会定期拨付"①。"设国文、读经(四书)、作文、习字、英文、算术、珠算、簿记、商史、商品学、商业道德、世界地理、体育、估洋(验银圆真假)等课程,并组织学生到商店实习。"② 第一期招初级小学毕业生50人,学习期3年。沙元炳兼任总理,有教职员5人,另有从商店聘请的兼职教习。民国十二年(1923)商会改组后,学校有教职员10多人,学生100多人,大部分是商业人员的子孙。商业学校的学生毕业后进入如皋商业的各条战线上工作,有不少优秀毕业生被举荐到广生油厂任职。1928年因军阀部队勒索数万元,商会被搜罗殆尽,经费枯窘,商校被迫停办。

3. 艺徒学堂(乙种工业学堂)

光绪三十一年(1905),福建闽县周景涛(周松孙)来如皋任知县。周景涛也是进士出身,医术高明,曾任御医、京师大学堂提调,是一位维新派人士。到任不久即与沙元炳、张藩等人创建了半工半读的孤幼小学堂,使失去父母的孤儿也能受到教育。又与沙合力创设艺徒学堂于县衙东侧的考棚内,聘吴肇璜为主事,招收13岁以上的初小毕业生。课程有修身、国文、习字、工业史、算术、理化大意、历史、地理、英文、图画、体操和实习。于光绪三十三年(1907)二月开学。宣统三年改名"乙种工业学堂"。

---

① 周思璋:《沙元炳对如皋的贡献》,《东皋话旧》,《江海文库》(第三辑),第35页。
② 同上。

有教职员 25 人，学生 206 人，7 个班级。民国初年，学生逐渐减少，于民国十年（1921）左右停办。① 学校教学采用理论学习与实践学习相结合的方式，重视提高文化水平和技术水平，以增强学员的各项劳动素质，适应如皋地区工业生产发展的需要。

沙元炳创办的这些专业学校，在当时的如皋个个都是全新的事物。正是他的高瞻远瞩和不懈努力，才使不少针对性很强的职业教育，从世人根本不重视且处于社会最底层的学徒教育中解脱出来，进入实业教育的范畴，使实业教育在如皋确立了牢固的地位，大大促进了工商业的发展。

四、主持学务公所，倡导重教风尚

光绪三十一年（1905），如皋成立学务公所，主管全县学务，沙元炳任学务公所议长。两年后，学务公所改为"劝学所"，旨在奖励绅民创办学校。沙元炳因兼职多，推荐同族弟弟沙元榘②任县视学兼总董。沙元榘时年 28 岁，重大事务均向沙元炳请教。在沙氏兄弟殚精竭虑的倡导和率先捐助下，各镇乡绅董、客籍富商以及和尚道士都先后捐款、献屋、献地产，创办学堂。"是时如皋的教育事业，在沙元炳等人的倡导和组织下，远远走在改革的最前列……新教育制度在江海平原上生根开花，很快取代了沿袭几千年的封建教育制度。"③ "从 1901 年到 1911 年，全县共开办中小学堂 95 所，学生计 3882 人。"④ "1916 年 12 月编的《如

---

① 周思璋：《沙元炳对如皋的贡献》，《东皋话旧》，《江海文库》（第三辑），第 35 页。
② 沙元榘，通州师范首届毕业生。光绪三十三年（1907）任如皋县劝学所视学兼总董。民国建立后，劝学所改为县民政署学务课，旋又改称县公署第三科，不久改为县教育局。沙元榘连任课长、科员和局长，一度代理师范学校校长。
③ 政协如皋市委员会、如皋市政协联谊会：《如皋历史文化》，国际文化出版公司，2005，第 152—153 页。
④ 如皋县教育局：《如皋县教育志》，1987，第 29 页。

皋教育状况》统计,全县共有学校 176 所,学生10055人。"① 学校教育发展的盛况是全国罕见的,当时公认如皋教育发展为江苏省之楷模。

五、编修如皋方志,发挥教化功能

地方志具有"资治、教化、存史"等功能。所谓教化,是指志书能够起到"扬善惩恶,表彰风化"的作用。沙元炳非常重视地方志的教化功能,所以对编修地方志表现出极大的热情,也投入了很多的心血。

据如皋县档案馆馆藏资料考证,《如皋县志》创修于明天顺八年(1464),历经明、清、民国四百多年共 11 次大修。其中,明朝志 5 部、清朝志 5 部、民国志 1 部。而沙元炳于民国初年主持编修的《如皋县志》(简称民国志),与前志相比,资料更丰富,记录更严谨,实用价值更高,在此后很长的时间里充分地发挥了提供科研资料、充当乡土教材,以为决策参考的重要作用。

沙元炳的修志工作开始于 1915 年。当时,如皋绅董都支持沙元炳担任主纂,因为他博古通今,是最适合的人选。金鉽在这部县志的序中写道:"沙君生于清季……通籍后求长假归,养志读书,广蓄古今图籍,尤留心地方掌故,累年求得乡先生遗著都二百余种,藏于家。会省公署檄下,所属郡县重修志乘,邦人君子请于官府,延沙君主其事。"② 沙元炳于是聘请泰兴人沈文瀚(曾任翰林院编修)为总纂,如皋丰利举人潘恩元和如皋城秀才王福基为副,"招致一时知名之士,素心晨夕,商学论文"③,并

---

① 如皋县教育局:《如皋县教育志》,1987,第 29 页。
② 金鉽:《序》,《如皋县志》(民国志),卷首。
③ 同上。

"出其家藏明万历、清乾隆二志,用以校勘"①,然后"汇集旧志,旁搜远引,仿纪事本末例,别类分门,并采癸酉(1873)以后事迹继续编列,止于宣统、辛亥"②。

沙元炳对编修县志几乎倾注了晚年的全部心血。编修工作开始后的几年间,主纂沈文翰首先去世,其他工作人员也有不少去世或辞职。沙元炳于是邀请泰兴人金鉽来如皋担任总纂,并聘如皋林梓举人陈其嘉为协纂兼总校,继续县志的编纂工作。修志过程中,沙元炳也积劳成疾,"沙君又病,病久且亟,尤时时倚枕衡量文字"③。一次,当金鉽和陈其嘉二人探视沙病情时,沙元炳"潸然曰:县志不成,吾死有遗恨矣。两人相顾失声莫能置对。"④ 1927年1月29日,沙元炳病逝于县志的编修过程中。沙元炳去世后,金鉽、陈其嘉等决心完成沙的遗愿,他们在战火纷飞、兵荒马乱中仍艰难地坚持整理志稿,"排缵而篇第之,至可杀青缮写,复以笔札不给,束置高阁中,阅十稔,几罹五厄"⑤。这部县志经数次磨难,直至民国二十二年(1933)才得以最终定稿。又过五六年后刊印出1—5卷,其余因缺资而未能付印。

由于沙元炳的操劳,该志资料丰富,考订翔实,叙述精练,文采斐然。该志现收藏于如皋市档案馆,计20卷18册150万字。其独特之处就是:前4册计5卷为铅印本,后14册15卷为稿本,其文字皆由当时编纂人员以蝇头小楷誊写,并装订成册,因缺资而未能付印,具有很高的史料、文物及档案价值。

沙元炳修志的态度极为严谨,他"采录遗闻,征求故实,汇

---

① 金鉽:《序》,《如皋县志》(民国志),卷首。
② 黄家瑞:《序》,《如皋县志》(民国志),卷首。
③ 金鉽:《序》,《如皋县志》(民国志),卷首。
④ 同上。
⑤ 同上。

集诸志,删繁订讹,补齐所未备"①,叙述井然有序,不落俗套,不妄加褒谀。有存疑之处则详加注解,标明出处。如沙为如皋人李之椿②立传时,发现"旧志多隐讳,语简略不可审考"③,沙元炳特地"搜采载记,访之闻人故老,积十余年"④,写成《明礼部侍郎李公备传》载入县志。

第二节　教育思想主张

1901年,清政府发布上谕,实施"新政",意图缓和社会矛盾。"新政"在教育方面的主要举措即废科举,兴学校。向清廷告长假在家的沙元炳利用这一时机,在家乡兴办多种学校,以实现他教育救国的愿望。通过沙元炳的不懈努力,如皋地区初步确立了由基础教育、师范教育、实业教育三个部分组成的比较完整的教育体系,加快了与世界教育的接轨。沙元炳为如皋及周边地区教育的近代化做出的贡献是巨大的。

沙元炳的教育思想主张受胡瑗、张謇的影响和癸卯学制的影响都比较大,受日本师范教育模式的影响也不小。其教育思想主张主要体现在他创办和管理多种专门学校的过程中,尤其集中体现于他创办和管理师范学校的过程中。

一、强调培养具有"事事之实"的全面人才

沙元炳培养人才的目标和宗旨可以概括为两点:一是综合素

---

① 王福基:《序》,《如皋县志》(民国志),第6页。
② 李之椿,字大生,明代"天(启)崇(祯)五才子"之一,曾任吏部主事。因直言遭忌卸职回乡,后从事反清活动被捕,绝食7天而死。
③ 沙元炳:《明礼部侍郎李公备传》,《志颐堂诗文集》文篇卷中,第4页。
④ 同上。

质必须全面发展；二是必须具有实实在在的才能。

1. 综合素质必须全面发展

沙元炳创办"如皋公立简易师范学堂"后，明确提出了"贵全"的办学宗旨，"贵全"就是要求学生各方面的素质要全面发展，具体内容是要求学生"恪遵经训，阐发新学要义，施以严格训练，养成爱国志气、良善性情、强健体魄、谙练小学教法"①。其内容包括了掌握新学、爱国、性情善良、身体强健和过硬的专业技能（小学教法）。沙元炳十分注重教育宗旨之贯彻，他邀请张謇书写"贵全堂"三字，制成匾额，悬挂于师生每天经过的厅堂之上，以时时刻刻警示全体师生。

从"如皋公立简易师范学堂"的课程设置方面，我们也可以深刻感受到沙元炳对学生综合素质的提高是非常重视的。癸卯学制颁布后，沙元炳马上认真地实施了癸卯学制对初级师范学堂所规定的全部课程，"如修身、读经讲经（旋为选修，后并入国文有关章节）、国文、习字、历史、舆地、算学、教育学、博物、物理、化学、图画、体操、乐歌等，还开设英文、日文、手工，由学生选修一科"②。特别重要的是，沙元炳非常重视外国史地、博物、理化、音乐、游戏、兵式体操、图画等学科。这些学科属于新兴范畴，对国人来说是全新的学科，不少人不能认同它们的重要性，但沙元炳给予了难得的重视，让他们在总课时中占到一半以上，表现出时人少有的超前意识。尽管这些学科的教学人员奇缺，沙元炳还是花大力气专门聘请擅长人才甚至是外籍教师为学员讲授。他这样做的目的就是想让学生的综合素质能够得到全面的、均衡的发展。

---

① 《百年如师》，第 16 页。
② 《百年如师》，第 17 页。

2. 具有实实在在的才能

从沙元炳的人生经历，特别是向清廷告长假归乡前后的经历来看，我们可以说沙元炳一度具有维新变法的思想主张，但沙元炳跟当时的维新者最大的不同就是，他特别强调变法图强必须要有实实在在的人才去做实实在在的事。他说："天下之患，莫大于任事者仅居其名而无事事之实。"① 他主张救国必须先行振兴教育，以培养具有"事事之实"的专门人才。

沙元炳在1903年为"如皋公立简易师范学堂"制定"贵全"宗旨的同时，又确定校训为"真实"；校风为"沉笃醇和"，即沉毅、笃实、淳朴、和乐。校训和校风的主要意思，即希望全体教师要实实在在地教，所有学生要踏踏实实地学，这样才能学到实实在在的本领，改变本地区的现状，进而改变国家的现状。

清政府的所谓新教育制度，其指导思想说是"远法德国，近采日本，以定学制"，实际上仍带有浓厚的封建色彩。沙元炳看到了这些弊端，因而，他一方面在他创办的"如皋公立简易师范学堂"认真执行癸卯学制对初级师范学堂所规定的全部课程，另一方面也竭力实行他的新教育主张。他着力于教材建设，提倡结合现实的需要自编教材或对原有教材进行增、删、改。不论自编还是修订教材，都遵循"中西结合，讲求实益"的原则。他要求教员认真备课，按学科采取切合实际的教学方法，做好课前预习，课堂练习，课后复习，以体现如皋师范的教学特点："贵使学生于受业之际，须会教授之有法。"②

---

① 沙元炳：《答张策清、潘丹仲论辞省议长书》，《志颐堂诗文集》文篇卷上，第41页。
② 王坚：《沙元炳师范教育思想及其实践简介》，《如皋文史资料》（第三辑），如皋文史资料研究委员会，1987，第8页。

二、主张借鉴国外先进的教育经验

在这方面,沙元炳主要是借鉴日本的教育经验。沙元炳赞成日本明治维新时期的政治活动家木户孝允关于确立"牢不可破之国基者,唯在于人,而期望人才千载相续无穷者,唯在教育而已"的论述,认为这是近代日本由衰转盛,一跃而为东亚强国的根本原因。木户孝允的见解与沙元炳"兴办教育,培育人才,以救中国"的思想有很多相似之处。于是,沙元炳依照日本建立普通学校、师范学校、实业学校三个教育体系以全面发展教育的做法,除了创办"如皋公立简易师范学堂"外,还创办了初等、高等小学,创办了测绘专修学校,乙种工业学堂和乙种商业学堂,在很短的时间内成功构建了普通学校、师范学校、实业学校三种教育的初步体系。

他从日本师范教育的经验中了解到:师范学生一边学习、一边实践同只学习不实践相比较,当他们从事实际工作时教学能力大不一样。因此,在清光绪三十一年(1905),他将如皋公立高等小学堂改为如皋师范附属小学堂,给师范生提供实习场所。1908年,沙元炳又将附属小学堂扩充为附属两等小学堂。他明确规定师范生必须定期去附属小学见习和实习,把课堂上所学到的知识运用于教学实际,培养学生热爱专业的思想感情。为了避免出现师范毕业生转业改行的偏向,沙元炳以主持全县学务的议长身份,采纳了日本用经济赏罚的办法,来保证师范毕业生必须勉力从事本县小学教学六年的规定的执行,较好地发挥了师范教育的应有作用,基本上防止了人力财力的浪费。[①]

[①] 王坚:《沙元炳师范教育思想及其实践简介》,《如皋文史资料》(第三辑),第9页。

沙元炳还筹集经费，派"如皋公立简易师范学堂"的副办张藩去日本考察明治维新以后的教育。张藩于甲辰年（1904）农历九月初由上海登海轮抵日本长崎，在日本考察大约两个月的时间，凡师范学校、中学校、小学校、幼稚园和女子学校、盲哑学校等学校皆一一仔细参观考察，还参观了博物馆、图书馆、运动场以及监狱等等。回国后，张藩整理编成《甲辰东游纪略》一书，共两万多字。于光绪三十三年（1907）春天，由通州翰墨林书局承印出版。《甲辰东游纪略》是日记体裁，全书关注的焦点是教育，对日本商业、工业、科学、蚕桑等其他问题也有考察和记载。最后还附录日本各类学校的办学章程。此书被当时如皋创办学校者奉为圭臬，是如皋教育史上的重要文献。张藩赴日本考察教育回来后，发展小学教育、职业教育和贫民教育，成为沙元炳的左膀右臂。

三、重视师资队伍建设的重要作用

沙元炳对师资建设极为重视。他举贤任能，不论亲疏，不分畛域，不惜人力、物力，南至浙江、福建，北达直隶，旁及安徽、江西、湖北，千里迢迢，延揽人才。仅以他创办的师范学堂为例，从光绪二十八年（1902）到光绪三十四年（1908），沙元炳聘请来师范学堂任教的有：图画、体操教员陈步濂系福建闽县人，上海法国书院毕业；英文教员王约瑟、王行启系浙江人，上海约翰书院毕业；理化教员王本祥系浙江镇海人，日本东京物理学校毕业；图画、体操教员沈骧系浙江湖州人，江南陆军学堂毕业；英文、算术教员王第祥系直隶人，上海约翰书院毕业；体操、图画教员李铎系安徽寿州人，江苏陆军学校毕业；体操教员黄致泽系江西人，日本东京体育会毕业；英文、算术教员王房全系湖北人，上海约翰书院毕业等等。① 沙元炳求贤若渴的精神，使很多名师来如皋的师范学校任教：

沈文翰，国文教员，清光绪十八年（1892）壬辰科进士，与蔡元培、张元济、唐文治等大学者同榜，授翰林院编修，是研究《十三经注疏》的主要学者，学富五车。

许树枌，图画、习字、历史、修身教员，一度任监学，清廪贡生敕封儒林郎加蓝翎，江阴南菁高等学堂修业。工文史，善诗书画，国画造诣极深，誉满大江南北。在校任教8年之久。1924年被江苏省省长韩国钧聘为顾问，后因病归乡，与画家齐白石书信交往甚密，与张大千、韩国钧、冒鹤亭等互有唱和。著有《读五千年未见书丛谈》《历史讲义》《画隐园文赋诗词抄》《怡情小识》《浙游日记》《劫余吟》等。

陈国璋，国文教员，清同治秀才，选为岁贡，文学修养丰厚扎实，在当时如皋乃至江宁、苏州文坛均享有盛誉。

仲民新，图画、手工教员，中国早期油画家，访日学者。沙元炳亲自到海安西场请他任教，他要求将外甥魏建功带来师范附属高小就读。魏建功在良好的学习氛围里勤学苦练，后成为著名语言文字学家、教育家，曾任北大副校长。

沙元炳苦于国内缺乏理化、教育学、外国史地等新兴学科的教员，在委派张藩到日本去考察明治维新以后的教育的同时延聘办学所需的优秀教员。通过努力，沙元炳聘请了多位日本国教师来学校任教，当时常驻的日籍教员简况列表于下②：

---

① 根据如皋高等师范学校校史资料《本校历任教职员录（民国五年调查）》整理。
② 《百年如师》，第21页。

图 1　日籍教员简况表

姓　　名	籍　贯	毕业学校	课　　务	始任年月
片山环	日本东京	日本东京高等师范毕业	教育、博物、外国史地	光绪三十一年
下村觉太郎	日本四国高知县	日本寻常师范学堂毕业	理化、游戏、兵式体操	光绪三十一年
井泽恒美	日本本州长岗村	日本东京物理学校毕业	算学、理化、图画	光绪三十二年
永田恒次郎	日本东京湾千叶市	日本千叶医学校毕业	人身生理	光绪三十四年

沙元炳认识到依靠外籍教员终非长远之计，于是就选派教员和学生赴日本留学，到日本弘文学院、东京大学、东京体育专门学校分别进修教育学、算学、理化、体育，为期一年、两年不等。出国进修过的教员回国后定期举行讲座，向在校教员介绍有关知识，以求共同提高。据统计，自光绪二十八年（1902）至宣统三年（1911）辛亥革命十年之间，如皋留学生约 22 人，其中经沙元炳支持出国留学的占了将近一半。经沙元炳选派出国留学并回国后再到师范学校任教的有：

王福基，字锡五，先被沙元炳聘为如皋师范教员，后被选派至日本弘文学院进修外国历史和世界舆地，回校教国文和中外史地。他在日本目睹该国科学发达，国家富强，大受启发，致力于新学，攻读研究魏源《海国图志》、康有为《新学伪经考》、谭嗣同《仁学》等著作和严复所译《天演论》。讲课时贯穿古今中外，启迪学生爱国思想。沙元炳创设乙种商业学堂时委任他为主事，主持校务。王福基擅训诂、音韵之学。著有《广韵切韵概要》《训诂沿革》，均收入商务印书馆国学基本丛书，是魏建功的文字学辅导老师。

任为霖，字雨楼，光绪二十八年（1902）受聘为师范的教员，次年被选派去日本弘文学院进修算学，回国后在学校教算学。1911 年被选为如皋县临时参议会副议长。

姜渭璜，字佐周，16 岁中秀才。光绪二十九年（1903）任师范学校教员，选赴日本弘文学院师范科教育系进修。卒业后回校教国文、体育、乐歌和教育学。他从日本购回手风琴用于教学，还使用幻灯上课，既开阔了师生的视野又大大提高了课堂教学的效率。后来姜渭璜还创办、接办了多所小学。在安定小学校长任上工作 20 余年。1930 年，他看到社会上急需初级商业人才，便与沙元榘等筹备创办了私立敬业初级商业中学，为如皋培养初级商业人才。他曾任如皋"宏文社"书店经理，为保证如皋中小学校教科书、教学用品的及时供应发挥了重要作用。

项本源，字子清，祖籍安徽歙县。自幼好学，博览群书，知识丰富，曾师从沙元炳学诗文，诗文书法并佳。师范学校创立后受聘为教员。光绪三十一年（1905）去日本弘文学院读理化。后又自费入东京帝国大学理化专修班深造。学成回国在师范学堂教授理化，后改授国文。在如师执教 20 余年，以谦恕诚笃，教授谨严，极受学生爱戴。著作有《窗课遗稿》《回籍入学记》《东瀛困学记》《科学昌国议》等，曾与姚祖诏等一同编辑沙元炳的著作《志颐堂诗文集》。1906 年，山西大学堂监督专程来如聘请他赴山西大学堂任教，因沙元炳器重人才，加之私人感情深厚，他婉言辞谢。

赵邦荣，字彦臣，生于如皋长江边。初为师范学校教员，光绪二十九年（1903）公费往日本东京高等师范学校伦理哲学科就读。卒业回国后任师范学监，后调任苏州、扬州的中学校长、师范校长。因学识优异，教导有方，获省公署嘉奖。

黄家瑞，字七五，如城人。曾专门研究过文学、医学、算学，深得如皋时贤耆宿器重，光绪二十八年（1902）中秀才，次年由如皋师范选送日本东京体育专门学校公费留学。留日期间经孙文介绍加入同盟会，参与旅日学生的革命活动。1906年8月学成回校任教体育、乐歌。辛亥革命时，他帮助沙元炳积极筹措军饷、枪械，招募新军。民国初年任如皋县民众教育馆馆长，倡建公共体育场，兴办运动会。1950年后任苏北图书馆馆长、苏北博物馆馆长等职，晚年曾任江苏省文史研究馆副馆长。

刘之洵，字企苏，如皋如城人。于光绪二十九年（1903）毕业于如皋师范简易科。公费选送日本早稻田大学进修博物（动物、植物、矿物），时年19岁。1909年学成返国，在师范任教国文、博物、图画、习字等课，以才优学博、教导有方著称。他诗词书画无不精妙。他的国画秉承其父雨香先生家法，善花鸟草虫，尤以画蜜蜂为最工。其诗作《四十述怀》《写愤》等，均为人称道。由于当时国文教材以文言文为主，他顺应"五四"新文化运动的潮流，补充印发语体文（白话文）讲义，教学生写作语体文，深得进步青年拥戴，是著名法学大师韩德培铭记心头的恩师。在应聘编纂县志时，他认真考证异同，纠正讹误，一丝不苟。沙元炳对他极为爱重。

石重光，字又新，光绪三十年（1904）卒业于师范简易科，成绩优异，得到沙元炳赏识，选送日本公费留学。五年后因经费不继而回国。后追随孙中山先生致力于革命，筹办枪械，事发后避难回乡。沙元炳知人惜才，荐其至省立第七中学（今南通中学）任教。不久又回师范授国文、英语、数学等课程，一度任教务主任，同时兼教如皋县立初中英文。石重光治学严谨，博学多能，琴棋书画俱佳，善狂草和墨竹，精通英、日两种语言，人称"通如小博士"。

邹士冕，字凤鸣，如皋师范第一届本科修业生。公费选送日本弘文学院读法政。卒业后回师范任教习。①

由于沙元炳十分重视师资建设，经过广聘学有专长的教员，加强进修培训，创校时间不长，当时的师范学堂已具备了一支水平极高、令人羡慕的师资队伍。

第三节　教育思想与实践的特点

沙元炳虽然从小就接受封建教育的熏陶，并严格按照科举制度的要求走出了一条比较成功的"学而优则仕"的道路，但向清廷告长假回乡之后，在家乡创办近代教育时显然打破了封建教育的桎梏。沙元炳的教育思想与实践，尤其是他的师范教育的思想与实践在当时是极具超前意识的。他为了实践自己的教育主张，意志坚定，艰辛创业，开辟了一条切合地方实际的教育道路，为如皋地区近代教育事业的发展做出了很大的贡献。

一、前瞻性

如皋地区的封建教育，是中国封建教育的缩影，其特征一是以封建伦理道德规范的教化为核心，其教育内容严重脱离社会生活与生产劳动的需要；二是教育活动受科举考试的影响与制约，普遍忽视人的发展需要；三是劳动人民的子女得不到受教育的机会。鸦片战争后，这种情况开始发生细微的变化。维新变法之后，如皋的教育事业，在沙元炳的大力倡导和精心组织下，与张謇主持的南通教育改革一样，一开始就走在周边地区的最前列。

---

① 根据周思璋《东风第一枝——辛亥革命前如皋的留学生》一文整理，原载于《东皋话旧》，《江海文库》（第三辑），第 20 页。

沙元炳从 1901 年起，先后在如皋地区创办如皋小学堂、如皋公立简易师范学堂、测绘专修学校、如皋商会私立乙种商业学堂、艺徒学堂（乙种工业学堂）等多所学校。由是，普通学校、师范学校、实业学校在如皋地区蔚然而成体系。沙元炳与张謇南北呼应，使"新教育"制度在江海平原上生根开花，一步步取代了延续两千多年的封建教育制度。

此外，沙元炳教育思想与实践的前瞻性还表现在不少细节上。例如，沙元炳创办的师范学堂在开办之初，就很注意运用新的教学手段。1906 年 4 月，师范学堂第一次使用幻灯观摩教学。知县、学务公所董事、教育会长、如城各小学堂教员近一百人参加。① 1907 年春，如皋初级师范甚至举办了一次乐歌会，乐歌教员姜渭璜用手风琴伴奏，闻者接踵而至，一时间成为新闻。② 1908 年，如皋初级师范发起召开如皋县首届体育运动会，运动场在西门外大教场。沙元炳派陈鸿恩、沙文谟、刘平洲平整运动场地，派张藩身穿制服，佩带指挥刀，领队前往。所有学生一律统一着装，表演了体操、兵式操等团体项目并进行了比赛，如城人人注目。③

二、务实性

教育观念在很大程度上影响着教育发展的方向。我国漫长的封建社会，特别是封建社会的后期，过于强调教育的政治功能，"忠君"成为教育考评机制的主体，甚至是全部，千百年不变的教条成为禁锢人们头脑的枷锁，科举制度遴选出的所谓精英很少

---

① 《百年如师》，第 23 页。
② 同上。
③ 同上。

具有真正的才学。沙元炳振兴教育没有沿袭前人的老路，而是走上了一条与重伦理、轻技能，重忠君、轻才学的要求格格不入的新路。

沙元炳的教育主张中特别强调务实性。从加快促进如皋地区的近代化这一目标出发，他不懈努力，为如皋地区成功确立了由普通学校（初等、高等小学）、师范学校、实业学校（测绘学校、商业学校、工业学校）三个部分组成的、比较完整的近代教育体系。受张謇"师范为教育之母"思想的影响，他又尤其注重师范教育中的务实性。师范学校创办之初他确定的"真实"校训、"贵全"宗旨和"沉笃醇和"校风都能体现这一思想。为了培养出具有实实在在的才能、综合素质全面发展的人才，他一方面按照癸卯学制对初级师范学堂所开设课程的规定，认真开设了全部课程，但同时也结合现实的需要，大胆地对学制规定的课程及要求进行修改。1903年，西太后发出"整理学风上谕"，命令学部："随时选派视学官，分往各处，认真考察，如有废弃读经讲经功课，荒弃国文不习，而教员不问者；品行不端，不安本分，而管理员不加惩革者；不惟学生立即屏斥惩罚，其教员管理一并重处，决不姑宽……"可是，沙元炳没有理会这些要求，仍竭力实行他的新教育主张，推行他的务实教育思想。在师范学校，"讲经读经"的课程一开始作为必修课，要求是讲授《春秋左传》《周礼》两经。沙元炳规定"只需讲其大义，不必博综精研"，不久又将必修课改为选修课，最后索性直接将这一课程并入国文的有关章节。这反映了沙元炳不但自己已经摒弃了一些传统思想、传统观念，同时也在努力地减少传统思想观念对学生的影响，培养学生的实际才能。为了满足学生将来从事小学教育的需要，他将人身生理从"博物"课程中单列出来，单独作为一门课程，并聘请日本教员讲授。

1904年4月28日,他召集学监、教习等于公务厅(相当于办公室),就贯彻"贵全"教育宗旨之事,发表训词:"自去岁贯澈(贯彻)'贵全'宗旨,时已期年,生徒学识著实,成效显豁。此举为治校之要。仰仗诸位再接再厉,务使生徒更上一层楼"①,强调的还是生徒的"学识著实"。

到辛亥革命后,沙元炳被推为如皋民政长,后又被推为省议会议长。师范学校的校长一职,由沙元榘代理。交接之际,沙元炳谆谆告诫:"造士犹造室也,吾向者竭心思,疲手足,斩蒙剔灌以成之者,仅有此数,特筑其基而已。榱之、枢之、闼之、丹之、腾之,是在来者矣。"② 他把教育事业比作建造宫室,他认为他所做的努力,只是完成了打地基的任务,并非事业已经大功告成,此后的立柱筑墙,粉刷装潢,还有许多任务等待完成,他寄希望于后来者,要继续努力,踏踏实实培养具有真实才能的人才。

三、开放性

沙元炳办教育很注意打破封建教育封闭式的"一心只读圣贤书"的禁锢,在师范学堂办学过程中,我们经常可以看到沙元炳"请进来"与"走出去"相结合的开放性的教育思想与实践。"请进来",即借鉴国内外一切成功经验,并聘请多位日籍教师来校任教,提升学校内涵,提高办学质量。"走出去",派大量教员出国留学,学成后回来任教,构建了充满活力的开放性办学的机制,这一点在前文沙元炳教育思想"重视师资队伍建设的重要作用"一目已有介绍,此处不再赘述。1906年,沙元炳还组织入

---

① 《百年如师》,第 23 页。
② 《如皋县教育状况》序,商务印书馆,中华民国三年(1914)。

学 3 年的第一届本科生,"由教员率领前往上海龙门师范、苏州师范参观访问"①,与兄弟学校的师生切磋交流,以利于学生增进学问,开阔视野,对他们教学能力、交往能力的提高,也起着很大的作用。沙元炳开放式的办学思想与实践,留给我们相当多的思考与借鉴。

沙元炳很注意将他的教育思想贯彻在他的教育实践中,特别是在师范学校的创办过程中。沙元炳的后继者继承和发扬了他的思想,对一批批师范学校的学生产生了广泛和深刻的影响。师范学校也得以英才辈出。建校一百多年来,其毕业生很多成长为知名学者,如武汉大学教授、法学泰斗韩德培,厦门大学教授、魏晋隋唐史专家韩国磐,原北大副校长、语言学家魏建功,北京大学经济学教授杜度,中国矿业大学教授、中国工程院资深院士韩德馨,被称为"中国杜威"的国民政府教育部次长、著名教育家吴俊升,日本早稻田大学教授宗孝忱,美国著名药物学家、美洲大学教授葛克全,美国麻省理工学院教授刘诒谨等;不少人经过革命斗争的洗礼,成为国家高级干部,如曾任教育部代部长、国家图书馆馆长的刘季平,前驻斯里兰卡大使谢克西等。更多的毕业生长期服务于基础教育事业,其中不少人成为特级教师,全国或省市优秀教师、优秀班主任、优秀辅导员。在革命年代,学生与时俱进,具有光荣的革命传统。1922 年,学生吴亚鲁在南京加入中国共产党,成为如皋共产主义运动的先驱。1925 年,学生陆景槐在上海入党,返如后发展党员,并于次年组织成立了如皋第一个中国共产党支部——中共如皋师范党支部。如师的进步学生在党的领导下,积极投入革命斗争,有不少人为新中国的诞生献出了宝贵的生命。

---

① 《百年如师》,第 23 页。

结　语

　　沙元炳和张謇一样，都是十九世纪末二十世纪初近代中国社会转型时期的特殊历史人物。沙元炳一生经历了晚清政府、民国政府两个历史时段。从而立之年开始，他的思想和行动就不断随着社会的发展与时俱进，从而在世人面前呈现出从一个封建文人，转而同情维新变法，再到支持辛亥革命、拥护中华民国的转变轨迹，完成了从读书做官、报效朝廷、光宗耀祖到大兴教育、创办实业、造福桑梓的凤凰涅槃，体现了他爱国、爱民的思想品德。曾担任国民政府教育部次长的吴俊升教授这样评价沙元炳："先生之德泽被于吾邑者，至厚且长，凡邑中有井水饮处，无不知沙先生者。清末兴学，沙先生实为首倡，一身领导士林数十年，吾邑学风之淳朴，人才之辈出，先生实启之。而救灾歉、恤贫困、除强暴、扶孤幼，凡有益民生之事无不力为倡导。凡来主县政者，于先生无不敬仰，邑有大事均以咨先生。故邑人之福利赖以保全者尤不胜书。"①

　　教育的近代化是近代化的重要内容和组成部分。在如皋，沙元炳根植于中国传统文化的土壤，以自己深厚的国学修养为基础，注意汲取中国传统教育思想的精华，博识远见，注意学习、引进国际先进教育理念，用实际行动，为如皋地区构建了普通教育、师范教育、实业教育的完整体系，奠定了如皋近代教育的坚实基础。沙元炳懂得基础教育与师范教育之间的关系，把办好师范学校置于兴办近代教育各项工作的首位。在沙元炳的教育思想

---

① 吴俊升：《重印志颐堂诗文集序》，《志颐堂诗文集》，第1页。

和实践中,他的师范教育思想和实践无疑是最重要的组成部分。他为了实践自己的师范教育思想,乐于艰苦创业,努力探索师范教育规律,开辟了一条适合地方特点的师范教育道路,为近代师范教育的奠基与发展做出了很大贡献。

除了教育思想的超前,他创办教育的实际行动也是卓有成效的,特别是对于创办教育的经费问题,沙元炳从来没有畏惧退缩,尽管"地无可赋之材,匠无可役之力,浮议煽于外,财币窘于内"①,但沙元炳想方设法、竭尽全力,在艰难处境中艰苦跋涉,甚至毫无私心地奉献了个人的大量财产,"任地方学校数年间,承命捐资产几万"②,的确是后世之楷模。2010 年 4 月 3 日,上海市原副市长、上海市人大常委会原副主任沙麟③在如皋高等师范学校沙元炳铜像前缅怀先祖时,为沙元炳创办近代教育的创举亲笔题写了"创办教育、功在千秋"八个大字,应该可以高度概括沙元炳对近代教育的贡献。

兴办实业方面,沙元炳南归故里后,与张謇相互勉励,先后在如皋及周边地区创办了广丰腌腊制腿公司、广生德中药号、皋明电灯公司、裕如钱庄、鼎丰碾坊、大豫盐垦公司等多家企业,开启了如皋地区农业、工业、商业等领域的近代化的大门,其中如电灯公司等企业,在当时是引领时代潮流的,是如皋运用近代科学技术成果过程中的一个重要里程碑。沙元炳还大力支持张謇在南通创办实业,尤其在资金问题上给张謇巨大帮助,成为张謇在南通地区倚重的重要人物之一。作为从封建社会走出的一员,

---

① 沙元炳:《丰利场公立两等小学校校长纪念碑》,《志颐堂诗文集》文篇卷中,第 25 页。
② 沙元炳:《有清处士赠资政大夫沙府君墓志铭》,《志颐堂诗文集》文篇卷中,第 35 页。
③ 沙麟是沙元炳的嫡曾孙。

沙元炳正确对待实业的态度与行动显得难能可贵，创立商会、兴修水利、清查田地、创办新式医院等活动也为如皋地区近代化奠定了坚实基础。

兴教育，办实业，热心文化事业和社会事业等，沙元炳"创办了许多现代化的新事业，使如皋步入现代化的城市，间接地影响了乡人接受现代化观念与认知"①。不仅为如皋地区的早期近代化付出了毕生的努力，做出了巨大贡献，成为如皋地区近代化过程中的领军人物和杰出代表，更为重要的是，沙元炳的努力和成就，在当时就和张謇的努力与成就彻底地融合在一起，成为张謇领导下的南通地区早期近代化历程的重要组成部分。沙元炳"在当时的历史条件下，对地方所做的贡献，还是应该受到后人的怀念和敬仰的"②。

---

① 沙壬：《沙元炳先生传略》，《如皋文献》（台湾出版），第99页。沙壬是沙元炳的从侄孙。
② 沙彦高：《沙元炳（健庵）先生事略》，《如皋文史资料》（第三辑），第5页。

参考文献

一、史料

1. 沙元炳：《志颐堂诗文集》，中华书局聚珍仿宋版，1933年。
2. 张謇：《甲辰东游纪略》，通州翰墨林印书局，光绪三十三年（1907）。
3. 《张謇全集》编委会：《张謇全集1—8》，上海辞书出版社，2012年。
4. 张謇研究中心：《张南通先生荣哀录》，2006年。
5. 南通市档案局（馆）：《大生集团档案资料选编：大达内河轮船公司》，2009年3月印制。
6. 江苏省地方志编纂委员会：《江苏省志·教育志》，江苏古籍出版社，2000年。
7. 江苏省地方志编纂委员会：《江苏省志·大事记》，江苏古籍出版社，2001年。
8. 《南通市志》，上海社会科学院出版社，2000年。
9. 沙元炳等：《如皋县志》，民国二十八年（1939）印。
10. 如皋市地方志编纂委员会：《如皋县志》，香港新亚洲出版社，1995年。
11. 如城志编纂委员会：《如城志》，方志出版社，2008年。
12. 如皋县教育局：《如皋教育志》，1987年8月印制。
13. 沙元榘：《如皋县教育状况》（第一编），上海商务印书馆，中华民国三年（1914）。

14. 沙元榘：《如皋县教育状况》（第二编），上海商务印书馆，中华民国六年（1917）。

15. 江苏省如皋县地方志办公室：《如皋要览》，上海科技教育出版社，1988年。

16. 政协如皋市委员会、如皋市政协联谊会：《如皋历史文化》，国际文化出版社，2005年。

17. 如皋市档案局（馆）：《经典如皋》，方志出版社，2007年。

18. 徐建平：《古邑如皋一片金》，黄山书社，2002年。

19. 如皋县续编县志办公室：《如皋县文史资料选辑 2》，1980年9月印制。

20. 《如皋文史资料》，第一、二、五、十五、十六、十八、二十辑。

21. 江苏省如皋师范学校校史编写组：《百年如师》，2002年。

22. 如皋高等师范学校校史资料：《本校历任教职员录（民国五年调查）》。

23. 如皋高等师范学校校史资料：《江苏省立如皋师范学校毕业纪念册》，民国三十七年（1948）七月印。

24. 朱有瓛：《中国近代学制史料》，华东师范大学出版社，1983—1993年。

25. 璩鑫圭、童富勇、张守智：《中国近代教育史资料汇编》，上海教育出版社，1994年。

26. 《实业与教育之关系》《中国实业失败之原因及补救方法》，《穆藕初文集》，北京大学出版社，1995年。

27. 《民国沙元炳》，《净土圣贤录》第三编。

28. 《沙健庵居士往生记》，《印光文钞》第四卷。

二、专著

1. 祁龙威：《张謇日记笺注选存》，广陵书社，2007 年。
2. 陈乃林、周新国：《江苏教育史》，江苏人民出版社，2007 年。
3. 陈有清：《张謇》，江苏古籍出版社，1988 年。
4. 刘培林、张德义：《张謇传》，江苏文艺出版社，1992 年。
5. 周思璋：《东皋话旧》，《江海文库》（第三辑），南通市文学艺术界联合会，2006 年。
6. 翁同龢：《翁同龢日记》，中华书局，2006 年。
7. 郑孝胥：《郑孝胥日记》，中华书局，1993 年。
8. 庄安正：《张謇年谱长编（民国篇）》，上海交通大学出版社，2018 年。

三、论文

1. 沙彦高：《沙元炳（健庵）先生事略》，《如皋文史资料》（第三辑），1987 年 12 月。
2. 沙壬：《沙元炳先生传略》，台湾如皋县同乡会《如皋文献》（第一册），1989 年。
3. 吴俊升：《重印〈志颐堂诗文集〉序》，台湾如皋县同乡会《如皋文献》（第一册），1989 年；又刊于台湾东大图书公司《增订江皋集》1986 年。
4. 李猷：《如皋沙健庵先生的志颐堂诗》，台湾如皋县同乡会《如皋文献》（第一册），1989 年。
5. 徐静玉：《书院与清末民初南通教育的转型》，《南通大学学报》（社会科学版）2009 年第 5 期。
6. 周思璋：《沙元炳〈志颐堂诗文集〉选注》，《如皋高等师范学校学报》2010 年第 1 期。

7. 黄天铨：《雉水之滨的百年名校》，《古邑如皋一片金》，黄山书社，2002 年。

8. 周丽君、杨启斌：《〈如皋县志〉与沙元炳》，《档案与建设》2002 年第 4 期。

9. 王坚：《沙元炳教育思想及其实践简介》，《如皋文史资料》（第三辑），1987 年 12 月。

10. 周思璋：《沙元炳对如皋的贡献》，《如皋文史资料》（第十六辑），2004 年 11 月。

11. 吴希林：《〈志颐堂诗文集〉折射出的如皋长寿文化》，《如皋文史资料》（第十九辑），2007 年 1 月。

12. 玉澍：《沙元炳何以两次辞官》，《如皋文史资料》（第二十辑），2008 年 11 月。

13. 黄天铨：《胡瑗教育思想与如师创办总理沙元炳》，连载于《如皋动态》报，2009 年 7 月 16 日、28 日。

14. 《中国早期现代化的前驱——第三届张謇国际学术研讨会论文集》，中华工商联合出版社，2001 年。

15. 《张謇与近代中国社会——第四届张謇国际学术研讨会论文集》，南京大学出版社，2007 年。

16. 孟旭：《中国近代实业教育的产生和实业教育制度的确立》，《太原师范学院学报》（社会科学版）1998 年第 4 期。

17. 林良夫：《民国时期教育家群体特征论析》，《华东师范大学学报》（教育科学版），1999 年第 4 期。

18. 胡世刚：《张之洞创办实业学堂的思想与实践》，《湖北社会科学》2002 年第 7 期。

19. 王笛：《清末新政与近代学堂的兴起》，《近代史研究》1987 年第 3 期。

20. 李剑萍：《中国近代师范教育的中国化历程》，《高等师范教育研究》1998 年第 2 期。

21. 江铃：《论我国早期师范教育的特点》，《华东师范大学学报》（教育科学版），1996 年第 3 期。

22. 苏娌：《晚清维新派教育救国思想研究》，辽宁师范大学硕士学位论文，2006 年。

23. 张艳艳：《从近代学制看我国师范教育体制的确立与发展》，河北师范大学硕士学位论文，2007 年。

24. 李红：《清末师范教育述论》，山东师范大学硕士学位论文，2003 年。

图书在版编目（CIP）数据

沙元炳先生年谱 / 孙红兵著. —— 南京：南京大学出版社，2023.7
ISBN 978-7-305-27186-1

Ⅰ.①沙⋯ Ⅱ.①孙⋯ Ⅲ.①沙元炳－年谱 Ⅳ.①K825.46

中国国家版本馆CIP数据核字（2023）第132755号

出版发行　南京大学出版社
社　　址　南京市汉口路22号　　邮　编　210093
出 版 人　王文军

书　　名　沙元炳先生年谱
　　　　　SHA YUANBING XIANSHENG NIANPU
著　　者　孙红兵
责任编辑　高　军　　　　　　　编辑热线　025-83686756

照　　排　南京开卷文化传媒有限公司
印　　刷　江苏凤凰通达印刷有限公司
开　　本　880 mm×1230 mm　1/32　印张 7.5　字数 190 千
版　　次　2023年7月第1版　2023年7月第1次印刷
ISBN 978-7-305-27186-1
定　　价　40.00元

网　　址：http://www.njupco.com
官方微博：http://weibo.com/njupco
微信服务号：njuyuexue
销售咨询热线：(025) 83594756

＊版权所有，侵权必究
＊凡购买南大版图书，如有印装质量问题，请与所购
　图书销售部门联系调换